天井のない監獄
ガザの声を聴け!

清田明宏
Seita Akihiro

a pilot of wisdom

目次

はじめに

第一章　絶望の大地で輝く、希望の星

絶望の大地で、わたしたちができること

第二章　使われないままの家の鍵

ディアスポラ〈離散〉と、ナクバ〈大厄災〉
難民キャンプで生まれたアリくんは、七〇歳になった
第四次中東戦争とトイレットペーパー騒動
オスロ合意まで
イスラエルの撤退完了を涙で語ったガザの職員
ガザの三度の戦争
空爆のなか、出勤し続けたケファ所長
電話の向こうから、激しい着弾音が聞こえる
進まぬオスロ合意

第三章　パレスチナ難民の健康状態

社会的弱者の疾病から見えてくる問題

なぜ、糖尿病が多いか

母子手帳は「命のパスポート」

家庭医チームの導入

医学論文を発表する狙い

パートナーシップから生まれた〝#Dignity Is Priceless〟

仕事を得るか、さもなくば自殺か

子どもたちのPTSDと、ナンシー・アジュラム

ドメスティック・バイオレンスの悲しい現実

ガザでは放射線治療が受けられない

ＵＮＲＷＡの仲間たち

ガザのクリスマス

はじめに

ドン底からさらに沈み続ける「天井のない監獄」

若い頃は、夢を喰《く》って生きていた。

自分の人生を振り返り、医師を志した動機や、医学部を卒業後、現職に就くまでの道程を考えると、そんな思いに駆られる。恰好《かっこう》つけ過ぎ、と言われるかもしれない。しかし、夢を見るのは、すべての若者の特権だと思う。日本のように平和で経済的にも安定した国や地域でなくても、夢を育むことはできる。いや、むしろ荒廃した社会にこそ逞《たくま》しい希望が芽生えると言ってもいいだろう。しかし、その荒廃にも限度がある。

たとえば現代の日本は、第二次世界大戦後に焼け野原の状態から復興した。いまがドン底だ、もう底を打ったと感じることができれば次に向かって通常以上の力が発揮されることは、人間の生存本能という意味で自然な現象と言っていい。しかし、底がまったく見えない状況だとしたら、どうだろうか。底なしの泥沼に際限なく沈み続けていくような状況で、人間が希望を抱けるだろうか。

わたしは現在、UNRWA（United Nations Relief and Works Agency for Palestine Refugees in the Near East＝国連パレスチナ難民救済事業機関。通称ウンルワ）で保健局長という立場で働いている。UNRWAでは約五五〇万人のパレスチナ難民を支援の対象としているが、彼らが生活している地域、なかでもガザの状況は、まさに「際限なく沈み続けている」と言っていい。

UNRWAという名をはじめて知った読者もいるかもしれない。この組織について、簡単に説明しておこう。

UNRWAは一九四九年の国連総会で創設が採択され、一九五〇年から活動を続けている。パレスチナ難民への支援の主な内容は医療・教育・社会福祉で、活動の範囲はヨルダン・レバノン・シリア、さらに、東エルサレムを含むヨルダン川西岸とガザの両パレスチナ暫定自治区に及ぶ。

今年二〇一九年で創設七〇周年を迎えるが、創設時に設定された活動期間は三年だった。七〇年の間、活動期間は三年単位で延長に次ぐ延長を繰り返してきたのだ。つまり、UNRWAの創設時、国連はパレスチナ難民の問題を「三年で解決できる」と考えていたことになる。しかし、七〇年が経過しても問題は解決されるどころか、むしろ混迷の度合を深めている。

パレスチナ情勢については、歴史的背景も含めて追って詳述するが、ここではガザがイスラエル政府による厳しい経済封鎖下に置かれていることを述べておきたい。

ガザは、かつて世界有数のイチゴの産地として知られていた。ガザ産のイチゴは、ヨーロッパにも輸出され、人気のブランドであったという。ガザの主要な産業であり、外貨獲得の貴重な手段でもあった。わたしも食べたことがあるが、甘味と酸味のバランスが絶妙である。

しかし、現在はガザにある空港は破壊され、港湾からの輸出も禁じられているため、せっかく生産したイチゴも輸出することができない。エジプトに通じる陸路も検問所が閉じられてきた。まさに、ガザは「陸の孤島」と言うべき状況に置かれているのだ。いや、陸の孤島どころか「天井のない監獄」という辛辣《しんらつ》な表現すら存在する。この状況について、国連は二〇一二年に「二〇二〇年には人が住めなくなるのではないか」という強い警告を含めた報告書を出している。

健康の定義

こうした状況で、パレスチナの若者たちに自殺者が増えていることを、ロンドンに本社を置くアラビア語高級紙『アル・ハヤト』が伝えている（二〇一四年一二月二二日付）。記事によれば、ヨルダン川西岸における自殺の件数は二〇一二年の五件から翌二〇一三年には一九件、さらに二〇一四年は一二月はじめの時点で二七件と報告している。

自殺者が増えれば、その死を悲しむ家族や友人たちも社会に増加する。しかし、イスラム教はユダヤ教やキリスト教と同様、教義で自殺を強く戒めているので、そうして悲嘆する人たちも多くを語りたがらない。したがって、本来は深刻に懸念されるべき自殺という問題も、社会で表面化しづらいのが実状だ。

ＷＨＯ（世界保健機関）は、一九四六年に制定されたＷＨＯ憲章の冒頭で、健康の定義について以下のような考えを示している。わたしもＷＨＯからの出向という形でＵＮＲＷＡで働く身である。

〝Health is a state of complete physical, mental and social well-being and not merely the absence of disease or infirmity.〟

この定義はＷＨＯの普遍的な理念であり、日本語に訳せば次のようになる。

「健康とは、肉体的、精神的に、および社会的にも完全に満たされている状態であり、単に疾病または病弱の存在しないことではない」

近代以前は、健康と言えば単に肉体面で病気が存在しないことだった。その後、うつ病が〝現代病〟として社会問題にもなっているように、精神面の健康が定義として新たに加わった。また、一九九八年にはＷＨＯの委員会で、人間の尊厳の確保や生活の質を考えるために必要で本質的な要素として〝spiritual〟(霊性)という文言を加えることも検討された。これは、まだ実現していないが、霊性という単語をさらに平易な言葉で言えば「今日、生きていることに感謝し、明日に希望を持って生きられる状態」のことだろう。

それは、ガザが置かれている状況とは一八〇度逆の世界。現在、そこに住んでいる人たちが求めても手に入れることの叶《かな》わない価値観と言える。

病気ではなくても元気のない人は健康ではないのだから、ＵＮＲＷＡの保健局長であるわたしの仕事も、単に病気の治療をするだけではない。希望を持つことが難しいガザの社会と向き合いながら、そこの住民たちの健康を普段の生活から考えることが求められるのである。

米国からの支援打ち切りで医薬品の購入が一時困難に

パレスチナを取り巻く国際情勢の変化は、わたしが働くＵＮＲＷＡにも影響を及ぼすようになってきている。現在、直面しているもっとも深刻な問題は、米国からの拠出金の凍結、そして打ち切りである。

二〇一七年にドナルド・トランプ大統領が誕生すると、米国政府は在イスラエル大使館をテルアビブからエルサレムに移転することを発表した（二〇一八年五月に移転完了）。そして、二〇一八年一月には米国からＵＮＲＷＡへの拠出金の半分以上が凍結されることとなり、さらに八月にはＵＮＲＷＡへの支援の全面打ち切りが発表されたのだ。

米国は歴史的にUNRWAの最大の支援国であった。これまでUNRWAの予算の約三割が米国からの拠出金によるものだった。二〇一七年の実績で言えば、米国の拠出金は三億六〇〇〇万ドル（一ドル＝一一〇円換算で約三九六億円）であり、その支援打ち切りはUNRWAの運営に関して大きな危機となった。さらに、UNRWAへの拠出金とは別建ての、パレスチナ自治政府に対する約二億ドルの経済支援も、他の用途に振り替えられることとなった。

UNRWAはパレスチナ難民を対象に、医療・教育・社会福祉のサービスを提供しているが、こういった米国の対応は医療現場で不可欠な医薬品を十分には購入できないという直接的かつ深刻な影響を及ぼしている。

UNRWAは、先に述べたように、当初は三年という活動期間を設定して活動を始めた組織だ。その組織が約七〇年を経ても存在し続けていることは、取りも直さずパレスチナの難民問題が解決されずにいることを意味している。そして、いま、国際社会はパレスチナ問題を「終わり」にしようとしているのか。あるいは、解決を見ないまま、忘れようとしているのか……。

わたしはＵＮＲＷＡの保健局長としてパレスチナ難民の健康問題に日々携わるひとりの医師であり、政治的解決に向けてはわずかな力すら持っていない。また、本書でも、政治的な意見を述べるつもりはない。ただ、国際社会におけるＵＮＲＷＡの存在意義を次のように考えている。

「世界はまだ、パレスチナ難民の問題を忘れ去ったわけではない。ＵＮＲＷＡが存在することは、その証《あかし》だ」と。

そして、若者や子どもたちの夢は、絶望的な「天井のない監獄」にあっても死に絶えたわけではない。

パレスチナ問題に関するニュースは、日本でも報道されてはいる。しかし、そこで実際に生活している人々の〝生の声〟はほとんど伝わっていないのが現実だろう。医師の仕事は患者の身体《からだ》に直《じか》に触れることが多い。触診と言って、触れることで患者の健康状態を測る重要な診察だ。当然ながら患者ひとりひとりの肌の温《ぬく》もりや心臓の鼓動を感じることになる。そして、彼らがいま、生きているのだということを改めて痛感するのだ。

パレスチナ難民という呼び名で一括《ひとくく》りで語られる彼らは、実際には日々、泣いたり笑ったりしながら生活し、それぞれの人生を生きている。五五〇万人という数字で示される〝数〟ではない、罪のない普通の人々だ。

本書では、わたしがＵＮＲＷＡの活動を通じて毎日接しているパレスチナの人々の〝生の声〟を、日本の読者に届けたいと思う。

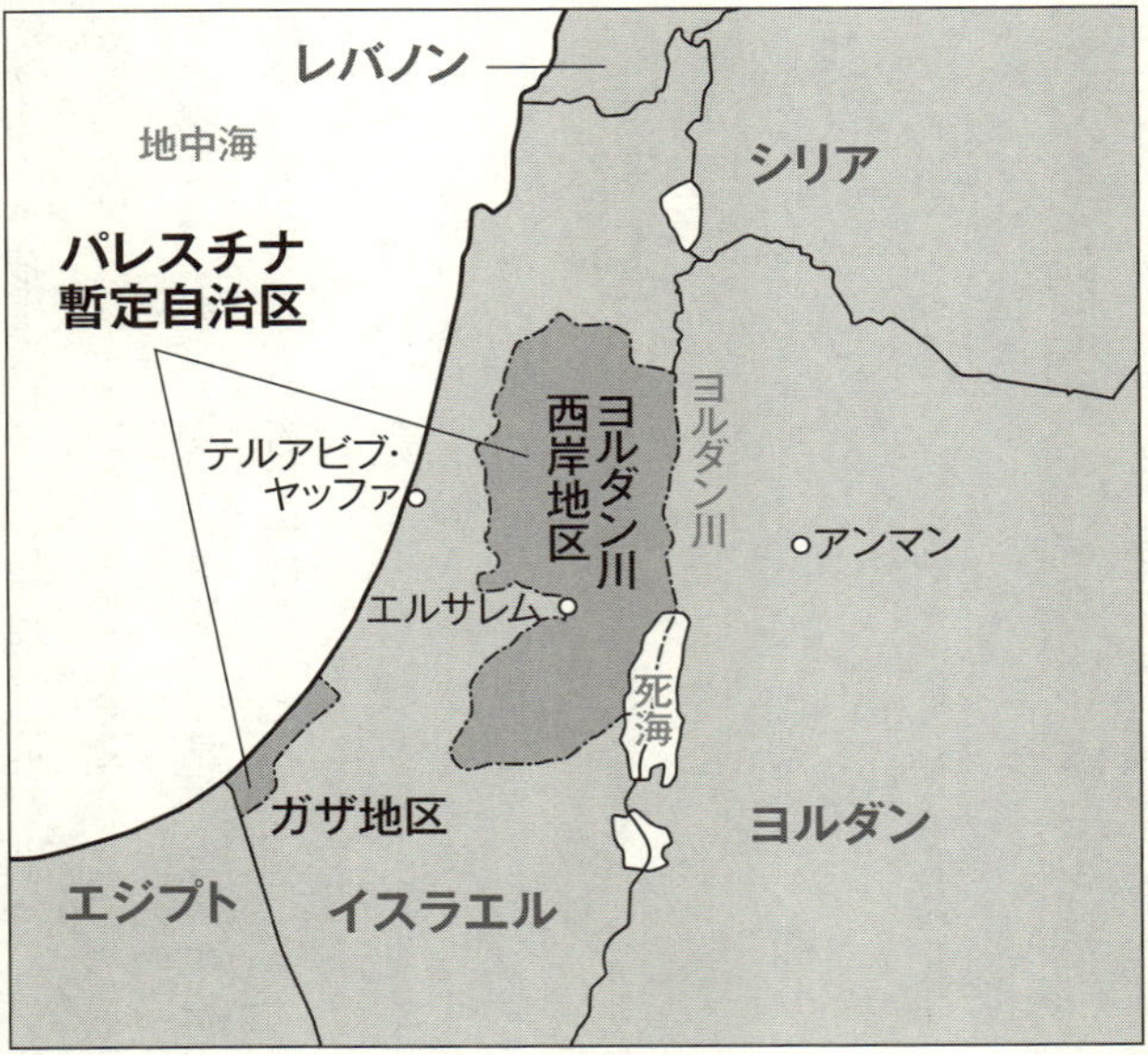
レバノン
地中海
シリア
パレスチナ
暫定自治区
ヨルダン川
西岸地区
ヨルダン川
テルアビブ・
ヤッファ
アンマン
エルサレム
死海
ガザ地区
ヨルダン
エジプト
イスラエル

第一章　絶望の大地で輝く、希望の星

三人の中学生の来日まで

まずは、若い人たちの話から始めよう。すでに述べたように、ガザは社会全体が閉塞感や絶望感に支配されている。そんな社会で、本来は夢を喰って生きているはずの世代が、なにを考え、どんな人生航海図を思い描いているのかを紹介したい。医師がなぜそんなエピソードを紹介するのかと不思議に思う方もいるかもしれない。だが、病というものは、患者個人の問題だけで起きるものではない。社会が作り出すものも多い。人々が本当の意味で「健康」であるには、その人々が住む社会全体が「健康」でなければならない、という一面もある。そして、若者がどのような環境に置かれているか、そこには社会の実状が確実に反映されているはずである。

二〇一五年一一月一日。パレスチナのガザからラワンさん・ガイダさん・モハメドくんという三人の中学生が来日した。当時、ラワンさんとガイダさんは一三歳、モハメドくんは一四歳だった。ＵＮＲＷＡは医療や社会福祉のサービスだけでなく七一一の学校を運営し、日本の義務教育に相当する期間、パレスチナ難民の子どもたち約五二万人に無償で教育を提供している。彼らもそこで学ぶ生徒だ。彼らの引率として、学校からラウィア先生も来日した。

滞日期間は約一週間だったが、彼らの来日は単なる観光目的ではなかった。ガザに住む人間が日本へ観光旅行にやってくるというのは、通常では考えられないことだ。しかも、後述するが通常の国からなら半日ですむ旅程に四日間もかけて来日したのだ。

では、なぜ彼らは、日本にやってきたのか。そこには、日本への感謝と、東日本大震災で傷ついた日本を励ますためのメッセージを伝えるという目的があった。

ガザの中南部にハンユニスという街がある。ハンユニスには、日本からの支援によって住宅や診療所、学校などが建てられた一角があり、地元の人たちはこの一角を「日本地域」と呼ぶことが多い。東日本大震災のニュースは、この地域にもすぐに伝わっていた。

震災の犠牲者に哀悼の意を、そして、被災者に連帯の思いを届けたい――。そのひとつの表れが、二〇一二年から毎年三月におこなわれているハンユニスの子どもたちによる凧《たこ》揚《あ》げだ。

ガザのどこまでも青い空に、日本への思いが描かれた凧が揚がる。自作の凧も多い。凧には「I　LOVE　JAPAN」と書かれているものもある。子どもたちが凧を持ち、空に揚げる。日本に思いが届くように、より高く揚がるようにと、凧を揚げるのだ。参加者は増え続け、いまでは一〇〇〇人を超える人たちが凧揚げにやってくる。

しかし、二〇一八年の三月で七回目を数えたこの凧揚げも、簡単に続けてこられたわけではない。二〇一四年夏、ガザは約五〇日間にわたって戦争状態に陥り、子どもたちの命も多く奪われている。自分たちも〝被災〟しながら日本で起きた震災の犠牲者を忘れず、凧揚げは続けられてきたのだ。

二〇一四年の暮れ、ガザの街並みはいたるところに痛々しい戦禍の爪痕を残していた。UNRWAで働く日本人の同僚が、ハンユニスの学校を訪れ、来年（二〇一五年三月）の凧揚げはどうするのかと聞いた。当然の質問だったと思う。激しい空爆と砲撃が五〇日間も続き、多くの住宅が破壊されて三〇万人もの人々が家を追われ、避難を余儀なくされたのだ。そして、停戦後も復旧は遅々として進まず、電気・水道などのインフラも多くが破壊されたままの状態だったのである。普通に考えて、遠い日本で起きた地震の被災者のために凧揚げをしている場合ではない。ガザの住民たちに他者を思いやる余裕などないだろうと、UNRWAの日本人職員も考えたに違いない。

しかし、彼の質問に対し、学校関係者は「もちろん、凧は揚げる」と答えた。そして「なぜ、そんな当たり前のことを聞くのだ？」と、不思議そうな表情を浮かべたという。

この話を聞いてわたしは、この学校の子どもたちや関係者を日本に招待し、感謝の意を伝える機会を提供したいと心に決めた。こういった交流こそが国際協力の第一歩となり、同じ人間同士として手を差し伸べ合う関係を築く土台となると思ったのだ。

世界で「もっとも遠い」一五〇キロメートル

ガザに住む人間が日本にやってくることは通常では考えられないこと、と前述した。それは、なぜか。彼らが日本にやってくるまでの行程を振り返ってみれば理解できるはずだ。

ガザからラワンさん・ガイダさん・モハメドくんの三人の中学生、そして引率のラウィア先生が東京の羽田空港に着いたのは、一一月一日の深夜だった。わたしは一足先に日本に戻り、空港で彼らを迎えた。

ガザ・東京間の地図上の距離は約九二〇〇キロメートル。東京とドイツ・フランクフルトとの距離とほぼ同じだ。もし、フランクフルト同様、東京との間に直行便があれば、約一二時間のフライトでことは足りる。しかし、彼らが羽田空港に到着したのは、一〇月二九日にガザを出発してから四日目のことだった。

なぜ、この距離を移動するのに四日間もの時間が必要だったのか。その行程を振り返ることは、ガザが置かれている過酷な状況の実態を理解する上で貴重なケース・スタディとなるだろう。

ガザにはパレスチナで唯一の空港として一九九八年に開設されたヤーセル・アラファト国際空港があるが、二〇〇一年にイスラエル軍によって破壊され、現在も無惨な姿をさらしたままだ。そのため三人の中学生とラウィア先生は、まずガザを出てイスラエルに入った。そこから再びパレスチナの暫定自治区であるヨルダン川西岸を通過してヨルダンの首都・アンマンに向かった。

せめて、イスラエルの空港を利用することができれば、わざわざアンマンからドバイで飛行機を乗り継ぐ必要はない。イスラエルの空の表玄関であるテルアビブのベングリオン国際空港からは、ヨーロッパの主要空港に向けたフライトが毎日何便も出ている。韓国のソウルや香港《ホンコン》に向かう便も出ている。それらの地を経由して東京に向かえばいいのだ。しかもガザからテルアビブまでは、わずか七〇キロメートルあまりの距離。このルートを利用できれば、子どもたちはガザを出発したその日のうちにも東京へと到着できたはずだ。しかし、それは許可されていない。

すべてのパレスチナ人はガザを出るときにイスラエル側から発行される移動許可証が必要だ。この許可証の発行は、イスラエルとパレスチナの政治的関係の状況次第で審査が進んだり進まなかったりする。まったく予測できず、何日も待った挙句に許可が出ないということもあり得るのだ。

今回のラワンさん・ガイダさん・モハメドくん、そしてラウィア先生の日本への渡航も、ガザからアンマンまでの移動が許可されるかどうか、直前まで誰にもわからなかった。事実、アンマンから乗る飛行機の予約、日本への入国に必要なヴィザ、必要な書類はすべて用意し、申請時に提出してあったにもかかわらず、ガザを出発する前日の朝になっても許可証は発行されずにいた。状況を知ったわたしは、朝から関係各所に電話をかけ続けた。

しかし、どこの誰が対応しても「まだ許可は出ていない」と言うばかりだったのである。結局、許可証が発行されたのは、出発前日の夜一〇時過ぎだった。

陸路でガザから隣国・ヨルダンに入るまでには、ふたつの実質的な国境とそれを越える際に五つの検問所を通らねばならない。まず、ガザからイスラエルに入る際にガザの域内で二カ所。ひとつはガザを実効支配するハマス政権の検問所、もうひとつがパレスチナ自治政府による検問所。次に、イスラエルのエレツ検問所（ガザを出てイスラエルに入る）。さらに、ヨルダン川を越えるキング・フセイン橋（アレンビー橋）国境のイスラエル側の検問所。そして、ヨルダンの検問所だ。

計五カ所。そのひとつひとつを通過して、ようやくアンマンに到着するのである。検問所ではどんな問題が生じるかわからない。ときには何時間も待たされた挙句、通過の許可が出ないこともある。非常に厳しい質問をされ、荷物や衣服をすべて調べられることもある。わたしたち国連の職員は検問所をすぐに通過できるのだが、パレスチナ人への対応はまったく異なるものだ。

どれぐらい時間がかかるか。順調に、問題が発生しなかったとしてもイスラエルに入るまでの三カ所を通過するのに、それぞれ二〜三時間。ヨルダンとの国境を越えるのにも数時間を要する。国境を越えてからも、アンマンまでは車で一時間以上かかる。つまり、ガザを早朝七時に出発したとしても、アンマンに着くのは夜だ。

しかも、これだけの難行程を一日のうちに、一気に終わらせなければならない。途中で一泊することは許されない。前述の移動許可証が、そういった制限つきで発行されるからだ。また、ガザからアンマンまで移動できるのは日曜日から木曜日までに制限される。なぜなら、金曜日はイスラム教の安息日に当たるため、キング・フセイン橋にあるヨルダン川西岸・イスラエル側の検問所とヨルダン側の検問所が午後から閉鎖されるのだ。そして、土曜日はユダヤ教の安息日。イスラエルとガザの検問所は終日閉鎖されることになる。

ガザにはキリスト教徒も住んでいる。そのため、パレスチナの自治政府が運営する公立学校では金曜日と日曜日が休みとなる。生徒はイスラム教とキリスト教の安息日を守る。

子どもたちが乗る予定の飛行機がアンマンの空港を出発するのは、二〇一五年一〇月三一日の土曜日。つまり、彼らはそれより二日まえの一〇月二九日、木曜日にガザを発《た》たねばならなかった。

ガザから、アンマンまでの一五〇キロメートル。それは、世界で「もっとも遠い」一五〇キロメートルかもしれない。

東京では、いつでも電気が使える

羽田空港からタクシー二台に分乗し、都心のホテルへと向かう頃には、時刻は午前一時を過ぎていた。わたしはモハメドくん、ラウィア先生と同乗したのだが、首都高速道路を走りながらモハメドくんは窓の外を眺めていた。はじめての外国だ。いや、彼にとってはガザの外に出たのも今回がはじめて。異国の風景に心を奪われたとしても当然のことだ。しかし、やがて彼が小さな声で呟《つぶや》いた。

「ここには、電気がついている……」

ラウィア先生も首都高速道路のオレンジ色のライトを無言で眺めては、モハメドくんと顔を見合わせている。ガザで電気が使えるのは当時は一日のうちわずか二〜三時間程度だった。もちろん、そのことは、わたしも知っている。しかし、当たり前のように電気が使えて、深夜でも煌々《こうこう》と輝く東京の光景に驚く彼らの姿は、改めてわたしの胸を締めつけた。

夜のガザは、真の暗闇なのだ。

ガザで電気が一日二〜三時間しか使えないことも、経済封鎖の影響だ。ガザにも当然、発電所はあるのだが、前述したヤーセル・アラファト国際空港と同様、戦闘によって破壊され、その後もディーゼル発電機の燃料輸入が制限されているため、一日二〜三時間しか電気を供給できない。

ガザでは上下水道の設備も多くが破壊され、電気と同様、インフラとして十分に機能していない。水道水は塩気が強く、下水処理施設の周囲には悪臭が漂っている。経済封鎖は、ガザの人々の「ライフライン」までも締めつけているのだ。

光に溢《あふ》れた深夜の東京を走り、二台のタクシーはホテルに到着した。翌朝には東京・港区にある東洋英和女学院・高等部を訪問する予定が組まれている。「日本の学校に行ってみたい」というのは、ガザの中学生たちからの強い要望だった。

戦争を知らない子どもたちと、戦争しか知らない子どもたち

東洋英和女学院はカナダのメソジスト派宣教師によって創立されたミッション・スクー

ルで、二〇一四年に放映されたNHKの連続テレビ小説『花子とアン』の主人公、翻訳家の村岡花子や、歌人の柳原《やなぎわら》白蓮《びゃくれん》など多くの才人を輩出した名門校だ。

東洋英和の高校生たちは、ガザからやってきた中学生たちを教室で温かく歓迎してくれた。そして、ガザの学校や生活について、次々と質問が飛び交った。それに対し、ガザの三人の中学生たちも真剣な表情で答えた。特に前年（二〇一四年）に起きた五〇日間の戦争について語ったときは、生々しい〝リアル過ぎる〟体験談に日本の高校生たちは圧倒されているようだった。

「爆撃のたびに、子どもが泣きながら家を飛び出してきた」（ガイダさん）

「避難先も危なくなったので家に戻ったら、窓ガラスが割れ、ドアもソファも壊れていてひどい状態でした」（ラワンさん）

中学生たちが語るガザの実状、戦争の現実に、いつしか教室内は水を打ったように静まり返っていた。一九七一年にヒットしたフォークソング『戦争を知らない子供たち』の題名をヒントに、わたしは以前、自分で撮りためた写真を使った『ガザ／戦争しか知らないこどもたち』（ポプラ社）という本を刊行した。日本の子どもたちは戦争を知らない。いや、一九七一年にヒットソングを唄《うた》った青年たちも戦争を知らない。〝戦争しか知らない〟ガザの中学生たちの言葉に圧倒されるのは当然と言える。

津波の映像に涙したガザの中学生たち

東洋英和女学院を訪問した翌日一一月三日は、岩手県・釜石へと向かった。東日本大震災で甚大な被害を受けた被災地である。そして、ガザと釜石市とはNGO（非政府組織）を通じて交流があり、この年の凧揚げはガザと釜石の連帯を示す形で、両地での合同開催が実現していた。

到着して、彼らとともに津波に襲われた海辺の地域に行くと、地元の人がスマホで、津波の映像を見せてくれた。小さな画面に、巨大な悲しみが映し出される。それに見入る三人は、しきりに涙を拭っていた。ガイダさんが言う。

「津波で友人や親戚・家族を失った人たちの悲しみが、よくわかります。わたしも昨年の戦争で多くの大切な人を失ったから……」

そして訪問の最後、三人は釜石の子どもたちと一緒に凧揚げをした。この日、釜石では少年野球の大会があり、それに出場した子どもたちも凧揚げに参加してくれた。自分たちで思い思いの絵を凧に描き、野球場でみんな勢いよく走り回りながら、凧を揚げた。

グラウンドの一カ所に集まり、釜石の子どもたちと即席の交流会もおこなった。「ガザはどういうところなの?」と聞かれ、ラワンさんが「海が綺麗《きれい》で、空も綺麗、とてもいいところ」と得意げに答える。食べ物も美味《おい》しいと笑いながら話していた。釜石の子どもたちも地震のときのことを話してくれた。通訳を介しての対話だったが、お互いに真剣な表情で相手の話を聞いていた。

すべてのプログラムが終了すると、ガイダさんはこう感想を述べた。

「わたしは今日、生まれてはじめて、なんの恐怖もなく、自由に走り回りながら遊べました。日本の子どもたちは、いつも鳥のようにあっちこっちを飛び回りながら遊んでいる。わたしも今日は、釜石の仲間と一緒に、鳥のように遊ぶことができました」

「世界最悪の経済」で起業が可能か?

三人の中学生とラウィア先生がガザに帰ったあとも、わたしには日本で片づけなければならない用事が残っていた。

「ガザの若い人の起業の支援をしたい」

以前からお世話になっている日本の青年起業家から、そんな連絡をもらっていたからだ。

すでに述べたように、厳しい封鎖政策のもと、ガザの経済は沈み続けている。当然、失業率も極めて高い。二〇一五年五月に世界銀行が発表したガザ全体の失業率は四四パーセント。世界銀行はレポートのなかで、この状況を「世界最悪」と表現し、「経済の立て直しのためには、イスラエルなどによる経済封鎖の解除が必要」と訴えている。さらに、若者の失業率は六〇パーセントを超えているとも指摘している。そして、五〇日間に及んだ二〇一四年の戦争については、その影響によってガザのGDP（国内総生産）が四億六〇〇〇万ドル減少したこと、仮に戦争や経済封鎖がなければガザのGDPは現状の四倍になっていたと推計している。

世界最悪の失業率は、わたしも現地で何度も実感している。二〇一五年の暮れにはUNRWAが約二〇〇〇人の新規教員をガザで募集したのだが、なんと二万七〇〇〇人も応募してきたのである。

青年起業家は、もうひとりのビジネス・パートナーをともなって現れた。

「日本とパレスチナ、イスラエルの若者たちをつなぎたい。若者たちの起業を支援したい」

彼らは熱意を込めて語り、自分たちの実績についても詳細に紹介してくれた。

ソマリアでは、女性ドライバーが運転するタクシーを「ピンクタクシー」というネーミングで起業することを支援したという。わたしもWHOで勤務していた当時、ソマリアも何度か訪れたことがある。たしかに、ソマリア社会の習慣を考えると、男性ドライバーのタクシーに女性客がひとりでは乗りづらい。しかし、ドライバーも女性となれば話はべつだ。なるほど、現地のニーズに応えているし、なおかつ斬新なアイデアだと思う。

わたしは彼らの熱意に打たれた。しかし、熱意だけでは世のなかが動かないことも知っている。しかも、新しいビジネスを立ち上げるとなれば、青臭いロマン主義は排除すべきかもしれない。ただ、同時に、熱意がなければ世界が動かないことも事実なのだ。熱意は、確実に伝播《でんぱ》する。そして、人間が本当の意味で感動するのは、人間の心に対してだけである。

「世界に通用する人材をガザで育てよう、その手助けをしよう」

わたしがそう言うと、自然に三人で手を取り合った。

「ガザ・アントレプレナー・チャレンジ」

「来年の夏には、ガザで起業支援をスタートさせよう！」

わたしたちは、そう誓いを立て、コーヒーで乾杯して、その日の会合は終わった。

UNRWAの保健局長が、なぜ起業支援をするのかと、読者のみなさんは不思議に思われるかもしれない。しかし、わたしが世界最悪の経済といわれるガザでの起業に協力しようと言ったのには、じつは理由があった。

UNRWAは、以前からガザで職業訓練学校を運営している。そこでは高校卒業後の二年間、現地のニーズに合わせ、就職に有利な職種の訓練をおこなう。この職業訓練学校は、わたしのいる保健局とはべつの部署が担当する事業だが、ここにも、ひとつの限界が存在することに気づいていた。その限界とは、ガザ全体で進む経済の縮小だ。経済封鎖によって失業率が上昇し続ける状況で、UNRWAがいくら優秀な人材を育成したとしても、彼らには就職する場所がない。経済規模が拡大局面にある国や地域なら、人材育成はおおいに意義のある事業に違いない。しかしガザでは、そうではないのだ。能力があっても、仕事がなければ収入は得られない。生死に直結する問題だ。

ガザ経済の厳しい現実、限界を打開するためになにが必要か。わたしは以前から「世界に通用する人材を育てるしかない」と考えていた。職業訓練学校の卒業生たちの就職先を、ガザではなく海外に求める。具体的には、まず同じイスラム圏で経済的に潤っているドバイやペルシャ湾岸地域へ、そしていずれは、ヨーロッパや米国、そして日本へもガザで育った優秀な人材を送り出す。それを実現するためには、世界に通用する人材を育てなければならない。

ＩＴ産業は、そういった人材の格好の受け皿となるはずだ。前述のとおり、封鎖政策によってガザでは人や物資の移動が著しく制限されている。しかし、ネットの世界に国境はない。わたしが住むのはヨルダンだが、そこからガザにあるＵＮＲＷＡの施設にメールを出すと、瞬時に返事がくる。ネット環境のインフラは整っているのだ。そこには人の移動を制限する国境や検問所などない。絶えずつながっている。わたしが敬愛する『ニューヨーク・タイムズ』のトーマス・フリードマン記者の著書のタイトルではないが、〝The World Is Flat〟（日本語版『フラット化する世界』）だ。

ＩＴ産業で世界に通用する人材を育てれば、世界中から仕事のオファーが届く可能性がある。また、ガザと接しているイスラエルはＩＴ大国でもある。複雑な政治問題はあるが、ガザとイスラエルの間でビジネスを成立させることは不可能ではない。そして、そういった可能性はＩＴ産業にかぎらず、多くの分野で眠っているはずだ。

こういった構想を誰かに語ると「人材を育てたとしても、その才能が海外の先進国に流出してしまうのではないか」と聞かれることが多い。もちろん、その可能性はある。誰だって、より良い生活をしたい。それは当然のことだ。しかし、そうやって自分の意志で海外に出ていき、行った先で貴重な経験を積んだ人材は、自分の国が政治的・経済的に落ち着きを取り戻して復興が始まれば、きっと祖国に帰ってくる。いずれは祖国のために力を発揮するに違いないのだ。

闘う女性、マジドさん

ガザの起業家支援は、二〇一六年の八月一〇～一一日に「ガザ・アントレプレナー・チャレンジ（Gaza Entrepreneur Challenge）」という形で実現した。

会場となったのは、ハンユニスにあるＵＮＲＷＡの職業訓練学校。主催はこの事業のために日本で立ち上げられた〝Japan Gaza Innovation Challenge〟（現在は「一般社団法人ソーシャル・イノベーション・ワークス」）で、ＵＮＲＷＡをはじめ、国連開発計画など一〇以上の組織・団体が共催に名を連ねた。

初日の二〇一六年の八月一〇日、朝から続々と応募者が会場に集まってきた。応募してきたのは一〇チーム、総勢二〇〇人以上だ。ほとんどが二〇代の若者、そして半数以上が女性だった。ガザの失業率を考えれば、彼らの多くが無職もしくは失業中のはずだが、それぞれに独創的と自負するアイデアを携えてやってきたのだろう。

ガザの大学で土木工学を学んだ二二歳の女性、マジド・マシュハラウィさんを紹介しよう。彼女は「グリーン・ケーキ（Green Cake）」というチームを率いて参加していた。彼女も、大学を卒業したものの、職に就くことが叶わずにいた。

彼女のプロジェクトは、焼却灰を利用してコンクリート・ブロックを作るというものだ。ガザでは経済封鎖の影響で、コンクリートの材料となるセメントの入手が困難だ。イスラエル政府が、ガザからイスラエルへの地下トンネルの建設に利用（流用）されるとして、

「ガザ・アントレプレナー・チャレンジ」(上)、応募者は若者ばかりだった(下)

セメントの搬入を規制しているためだ。しかし、二〇一四年夏の戦争で崩壊した家の再建にはコンクリートが必要だった。ブロックも不足している。

マジドさんはそこに目をつけた。ガザではコンクリートは不足しているが、焼却灰は非常に多い。電気・ガスの供給が不安定なので、木材を燃やすことが多いためだ。その焼却灰を利用し、普通のコンクリートに比べてセメントの量を半分に減らし、焼却灰と混ぜてブロックを焼く。でき上がるブロックは、普通のコンクリート・ブロックの半分の重さで、強度は同じだ。

焼却灰を混ぜて作ったブロックと、参考のため持ってきた普通のブロックを持ち比べてみた。たしかに、彼女のブロックは軽い。焼却灰を混ぜてあるせいか少し手が汚れるものの、その出来に感心した。

小柄で、ガザにいる普通の二二歳の女性に見えるが、審査員ひとりひとりの目を見ながらプロジェクトの詳細を説明する彼女の声は力強く、口調も歯切れがいい。

彼女の説明には、わたしの知らない土木に関する専門用語もたくさん出てきたが、日本から来た専門家に聞くと、理論的に正しいと言う。わたしの仕事も保健・医療という専門性の高い仕事であり、当然、専門的な知識・技術が求められる。それがないと仕事が進まない。人材を採用する際の判断にも、知識・技術のレベルは影響する。しかし、本当に大切なものは、べつのところにある。専門的な知識・技術は、勉強すれば身につけることができる。

「焼却灰を混ぜる、というアイデアはあったのだが、それを実際やってくれる工場を探すのに苦労した」

「ガザでは『女性は大学を出たら結婚しろ』という社会の風潮やプレッシャーが強い」

「わたしが工場に行くと、そこの責任者の男性は『どうやってブロックを焼くのか』という技術的な質問ではなく、『いつ結婚するのか？　なぜ、結婚しないでこんなことをやっているのか？』ということばかり聞いてきた」

そんなことを、ときに笑顔も見せながら説明し、自分たちのブロックを持ち上げた。

「それでも、わたしは何度も工場に足を運び、責任者を説得しました。そうして、ようやく作ってもらったのが、これです」

ガザの封建的な社会で男性たちを、そして仲間を巻き込み、自分の思い、ビジョンを実現していく。わたしをはじめ日本からの参加者は全員、感動で言葉を失っていた。

だが、ガザからのほかの参加者たちの反応は違った。ガザは非常に封建的な社会だ。男性が社会や家族の中心で、家庭のなかでも父親が最終決定者だ。子どもの数も多い。平均出生率は四・五で、日本の約三倍。そして、現にマジドさんの説明が終わると、男性たちから次々と質問の手が挙がった。彼女より年上の二〇代後半から三〇代の男性たちだ。

彼らの質問は技術的な非常に細かな点を突くものが多く、ときには自分のほうが工学的な知識が豊富だと言っているような、質問というより説教のような発言も少なくなかった。

しかし、マジドさんは、男性たちからの質問にすべて答え、彼らの口を塞いだ。

先ほど本当に重要なポイントは専門的な知識や技術ではないと言ったが、かつて、わたしが尊敬するWHOの大先輩が「仕事は人格でするものだ」と教えてくれた。経験を積むにしたがって、その言葉の正しさがわかるようになった。

大切なのは、その人がどういう人物かだ。物事をどう考え、どういう道順で説明するか。どのような態度で相手の質問に答えるか。ひとつのプロジェクトが成功するかどうか、最後に決め手となるのは実行する人間の人格なのだ。

そんな彼女の姿を見ながら、わたしは審査員席の机の下で周囲に気づかれないように、拍手を送っていた。

二日間のコンテストが終わり、日本から来た審査員の代表である一橋大学イノベーション研究センターの米倉誠一郎教授（当時）が優勝、準優勝を発表した。優勝は、焼却灰ブロックのマジドさんだ。そして、準優勝も女性で、ガザの高層建築の階段で荷物の運搬が楽になる二輪の手押しの荷物運搬機を作成したアマルさん。日本の鉄道の駅でもたまに見かける、ホームへ向かう階段の先にある売店に商品を搬入する業者が使っているものと似ている。ガザでは電力供給が一日に二～三時間程度しかないので、エレベーターがあっても使えないことが多いのだ。

マジドさん（左）とアマルさん（右）

彼女は「スケッチ・エンジニアリング（Sketch Engineering）」というグループで参

加していた。

絶望の大地で、わたしたちができること

過去一〇年の間に三度の戦争があり（二一世紀に入ってからでは四度あった）、電気が供給されるのは一日二〜三時間。ＵＮＲＷＡがおこなった二〇〇人の新規教員募集に、二万七〇〇〇人が応募してくる。そんな絶望の大地で、マジドさんやアマルさんのような人物が生まれる。三人の中学生も、きっと彼女たちのような若者に成長するだろう。それは、ガザでは「家族」というコミュニティの基盤が、まだ力を失わずに機能しているからではないか。わたしは、ガザの人たちと接するたびに、このことを思わずにいられない。

ただ、そのいっぽうで、ガザの社会全体を閉塞感・絶望感が支配していることも、紛れもない事実だ。「天井のない監獄」という表現は、決して過激ではない。「ガザから逃げたい！」と願う人は非常に多い。

絶望の大地と、輝く希望の星。容赦のないガザの陽射《ひざ》しは、強烈なコントラストを浮かび上がらせている。

第二章　使われないままの家の鍵

ディアスポラ〈離散〉と、ナクバ〈大厄災〉

この章では、パレスチナ問題の発生から現在までの経緯と概況をお伝えしたいと思う。一九四八年のイスラエル建国によって、それまで自分たちが住んでいた土地を追われたパレスチナ難民のなかには、いまでも、かつての家の鍵を持っている人が少なくない。UNRWAは「国連パレスチナ難民救済事業機関」という名称が示すとおり、イスラエルの建国によって発生した難民救済のために一九四九年に国連総会で創設が決まった機関だが、現在まで続くパレスチナ問題の発端は一九四八年のイスラエル建国だ。パレスチナ問題の概況を述べるまえに、イスラエルの歴史を知っておく必要があるだろう。

旧約聖書の「出エジプト記」は、エジプトに移住して奴隷となっていたユダヤ人たちが自分たちの故郷であるカナンの地（現在のイスラエル／パレスチナ地方）に帰還した史実をもとに書かれているが、そうして帰還したユダヤ人たちは紀元前一一世紀頃にこの地を征服してイスラエル王国を建国した。

しかし、やがて王国は南北に分裂し、北のイスラエル王国は紀元前七二二年にアッシリ

かつて住んでいた家の鍵をいまも大切に持っている

アに滅ぼされ、南のユダ王国も新バビロニアに滅ぼされた。その後、再びユダヤ人の王国であるハスモン朝が成立するが、紀元前一世紀以降はローマ帝国の属州として支配されるようになる。

ユダヤ人たちは独立のために何度か、ローマ帝国に戦いを挑んだが、一三五年に鎮圧されるとユダヤ属州という名称も「シリア・パレスチナ属州」へと変更されてしまった。そして、これ以降、ユダヤ人の多くが世界各地に離散することとなったのだ。これら離散したユダヤ人を「ディアスポラ」と呼ぶ。

ローマ帝国のシリア・パレスチナ属州は、

六三六年に東ローマ帝国がイスラム勢力に敗北して以降、第一次世界大戦（一九一四〜一九一八年）までイスラム教国家の支配下に置かれてきた。そして、この大戦でオスマン帝国が敗北すると、一九四八年のイスラエル建国まで「英国委任統治領パレスチナ」として扱われた。

この英国による委任統治は、巧《うま》くいっていたとは言い難い。この地に残っていたユダヤ人とアラブ人との間で衝突が絶えず、一九二九年には一三三人ものユダヤ人が殺害される「嘆きの壁事件」も起きている。もっとも、この事件ではアラブ人にも一一〇人の死者が出ているため、殺害の多くは英国の警察や軍によるものだったと考えられている。

また、ドイツで政権を掌握したナチスがヨーロッパでユダヤ人の大量虐殺（ホロコースト）をおこなうようになると、ヨーロッパのユダヤ人たちは英国委任統治領パレスチナに逃げ込もうとしたが、英国政府による移民の制限緩和はおこなわれなかった。また、英国政府のこの姿勢は、第二次世界大戦（一九三九〜一九四五年）の終結後、米国と合同の調査委員会が強制収容所にいるユダヤ人一〇万人をパレスチナに受け入れるよう勧告しても変わらなかった。

そして、最終的に英国はパレスチナの問題を国連の勧告に委ねることとし、国連総会でユダヤ人国家とアラブ人国家を創設する分割案が採択された。その結果、英国は「一九四八年五月一五日をもってパレスチナの委任統治を終了する」と発表し、ユダヤ人は同年五月一四日にイスラエル建国を宣言したのである。

かつて、ユダヤ人の国があったカナンの地にイスラエルが建国されたことは、歴史を遡って考えれば「旧復」という見方もできるかもしれない。しかし、前述のとおり、六三六年の東ローマ帝国の敗北から一九一八年に第一次世界大戦でオスマン帝国が降伏するまで、一三〇〇年近くにわたってイスラム教国家の支配が続き、英国による委任統治の時代も含めて、そこはパレスチナと呼ばれてきた。

イスラエルの建国が宣言されると、当然のごとく、エジプトをはじめとする周辺のアラブ諸国は強い反発を示した。第一次中東戦争の勃発である。この戦火を逃れるため、パレスチナに住む人々は戸締まりをした自宅の鍵を持って逃げ出した。「パレスチナ難民」という言葉は、この瞬間から世界で使われるようになった。そして、このときの出来事を彼らはアラビア語で「ナクバ」（大厄災）と表現する。

難民キャンプで生まれたアリくんは、七〇歳になった

家の鍵を持って逃げた彼らは当然、しばらくすれば家に戻れると考えていた。また、最初に述べたように、一九四九年に国連総会で創設が採択されたＵＮＲＷＡも当初の活動期間は三年と定められていた。イスラエル建国を端緒として勃発した第一次中東戦争の混乱も、数年もすれば収まると多くの人が考えていたのだろう。しかし、一九四八年から四九年の第一次中東戦争によって発生した約八〇万人のパレスチナ難民は、現在では、その子孫も含めて約五五〇万人にまで増えている。

パレスチナの地を逃れた難民の多くは、各地に開設された難民キャンプに避難した。当たり前だが、難民キャンプでも人々の生活は続いた。そこで、新たな命も生まれた。

仮に、ヨルダン川西岸のある難民キャンプで生まれた子どものひとりを、アリくんとしよう。一九四八年生まれの難民二世だ。架空の人物だが、アリくんの歩んだ道は、パレスチナではごく普通の人生だ。

そのアリくんが一三歳になった一九六一年に、わたしは福岡県福岡市で生まれた。その

後現在の山口県岩国市（当時は玖珂《くが》郡錦町《にしきちょう》）に移り、のどかな田舎町で育った。人口は二〇〇〇～三〇〇〇人程度だったと思うが、父はその町で唯一の病院の雇われ医師で町民全員の健康を預かっていた。具合がわるくなった人がいれば、夜中でも診察に行く。父のそんな姿を見て、子ども心に「医師というのは大変な職業だ」と感じていた。

そして、当時の日本は高度経済成長期の真《ま》っ只《ただ》なかだ。一九六四年に開催される東京オリンピックを三年後に控え、戦後日本の復興の記念碑となる祝祭に向けて日本中が沸き立っていた。しかし、アリくんは依然、ヨルダン川西岸の難民キャンプで生活を続けている。その間、一九五六年には第二次中東戦争も経験していた。すでにＵＮＲＷＡが同地で学校を運営するようになっていて、彼もそこに通い、勉強していたが、難民という境遇に変わりはなかった。難民キャンプのあるヨルダン川西岸は、第一次中東戦争の停戦合意により、ヨルダンの領土となっていた。

アリくんが一九歳になった一九六七年、再びパレスチナに激変が起こる。第三次中東戦争だ。六月五日に始まったこの戦争は六月一〇日に終わった。「六日戦争」とも呼ばれる非常に短い戦争だったが、アリくんの身に起こった変化は甚大だった。彼が住む難民キャンプのあったヨルダン川西岸がイスラエルに占領されたため、一緒に暮らしていた家族・親戚と一緒にヨルダン川を渡り、隣国・ヨルダンに逃げたのである。ヨルダンもまた、シリアと同様、イスラエル建国以前の一九四六年に英国委任統治から独立していた。そして、第一次中東戦争以降、エジプトの支配下に置かれてきたガザも、このときからイスラエルに占領されることとなり、この土地へのイスラエル人の入植も始まった。

ヨルダン川西岸は、難民キャンプであると同時にアリくんが生まれてから一九歳になるまで生活してきた〝自分の家〟でもあった。しかし、その難民キャンプをも追われ、〝二重の難民〟となったのである。

アリくんがヨルダン川西岸の難民キャンプを追われた一九六七年、わたしは山口県・錦町の小学校に入学した。同学年の児童が五〇人もいない、山のなかの学校だった。ノンビリと平和で、夏休みには川で泳ぎ、冬休みには雪合戦をした。近所の山には熊も出た。難民問題の「な」の字も知らず、自分の将来のことも、なにも考えていなかった。生活面の不安を、現実として突きつけられる経験がなかったのだ。

わたしは二〇一〇年からUNRWAで働くようになり、いまでは五八歳になった。アリくんは、七〇歳。いまでは〝アリ爺《じい》さん〟と呼ぶべきで、実際に孫が何人もいる。そして、その孫たちもみな、難民キャンプで生まれたのである。

第四次中東戦争とトイレットペーパー騒動

一九七二年五月三〇日、イスラエル・テルアビブのロッド国際空港（現ベングリオン国際空港）で自動小銃の乱射などによって二四人が殺害されるテロ事件が起きた。犯人は三人の日本人で、いずれも二〇代の若者だ。極左過激派組織・日本赤軍のメンバーだった奥平剛士・安田安之・岡本公三の三人で、安田、岡本はそれぞれ京都大学、鹿児島大学の学生だった。

また、同年九月にはドイツ・ミュンヘンで開催されていたオリンピックの選手村でテロ事件が起きた。実行犯グループは「黒い九月」と名乗るパレスチナのテロ組織で、イスラエル選手団の宿舎を襲い、人質にした一一人のほかドイツの警察官ひとりを殺害した。当時、わたしは小学校の六年。まだまだ友だちと遊び廻《まわ》っていたが、これらの事件のことは記憶している。日本国内でもよど号ハイジャック事件（一九七〇年）、あさま山荘事件（一九七二年）、三菱重工爆破事件（一九七四年）など極左過激派組織によるテロ事件が続発していて、その代表格である日本赤軍は一九七一年以降、パレスチナを拠点に活動していた。小学校の六年生にも、パレスチナをめぐる中東問題で世界に激震が走っていることは窺《うかが》い知れた。

そして一九七三年、第四次中東戦争が勃発する。エジプトとシリアがイスラエルを急襲したのである。国連の仲裁による停戦後、当時のエジプトのサダト大統領はイスラエルを訪問し、国会でも演説をおこなう。一九七八年には当時のカーター米大統領・イスラエルのベギン首相・サダト大統領が三者会談で「占領地からのイスラエル軍の撤退」と「パレスチナ人の自治権」について合意し、ベギン首相とサダト大統領はこの功績によって同年のノーベル平和賞も共同受賞している。

この第四次中東戦争も、間接的にではあるが、わたしの記憶に深く刻まれている。世界に向けて石油というエネルギー源を供給する中東の紛争によって、第一次オイルショックが起きたのである。日本でも製造過程で石油を必要とする商品の枯渇に対する危機感が一気に高まり、トイレットペーパーが店頭から消える社会現象が起きていたのだ。我が家の物置に、母が事前に買い占めたのか、トイレットペーパーが山積みに保管されていたのを覚えている。

一九八一年、イスラム過激派によってエジプトのサダト大統領が暗殺された。パレスチナではインティファーダと呼ばれる民族蜂起・抵抗運動が活発化し、それに対するイスラエルの報復も苛烈を極めた。もはや国際社会は、この地域の紛争に関われば自身も火傷《やけど》を負う、アンタッチャブルなものと考え始めていたのかもしれない。当時、わたしは高知医科大学（現在の高知大学医学部）で学ぶ大学生だった。

オスロ合意まで

難民という言葉が日本でもよく聞かれるようになったのは、一九七〇年代後半、インドシナ情勢の悪化で当時の南ベトナムなどからの「ボートピープル」が日本にも漂着するようになった頃だろう。海を渡って逃げてきた難民であるボートピープルの実態を、タイ・カンボジアの国境付近まで赴き、ＵＮＨＣＲ（国連難民高等弁務官事務所）の職員たちへの取材も含めてレポートしたのが作家・犬養道子さんの『人間の大地』（中央公論社）だ。

一九八三年に発行され、大学時代に読んだが、自分の進路に間違いなく大きな影響を与えた一冊だ。この本のなかでも特に、日本が同じアジアの国で、しかも経済的にも豊かであるのに、インドシナのボートピープルに対して冷淡・無関心であるという指摘が、わたしの胸に棘《とげ》のように刺さった。

若い頃のわたしは単純だった。『人間の大地』を読んで、漠然とだが「医師として働くのなら人の役に立つ仕事がしたい」と考えるようになっていた。医学部を卒業したのは一九八八年、日本の経済はバブル景気の絶頂期にあった。公衆衛生を自分の専門にすることは決めていたが、一年間、臨床の経験を積む実習が必要だった。大学の医局に残る選択肢もあったが、内科・外科・小児科・産婦人科という医療の四大メジャー領域すべてで経験を積める現場がないかと探してみた。

ひとつは沖縄県の病院、もうひとつが横須賀にある米軍の病院だった。どちらも応募を受け入れてくれたが、横須賀の米軍病院を選んだ。理由は、これも単純。東京に近いから。前述のように山口県の田舎で育ち、大学時代も高知県で過ごしたので、東京への憧れがあったのである。結果的に、この選択は正解だったと思っている。ひとつには、いまのUN

ＲＷＡでの仕事に英語が不可欠だからだ。横須賀での勤務で英語で仕事をすることに慣れたし、また、上司である米国人の医師が非常に熱心に、丁寧に教えてくれる人だったのも幸運だった。

横須賀で一年の実習のあと、東京・清瀬にある結核予防会結核研究所に入った。公衆衛生を専門とすることを目指してきたので、結核予防に携われることは目標に近づいたことにもなる。そして、ここで一九九〇年代半ばまで、ＪＩＣＡ（国際協力機構。当時は国際協力事業団）への出向という形でイエメンで二年半働くなど、経験を積んだ。このときのイエメン滞在が、わたしの中東生活の原点だ。

当時のイエメンは、美しかった。二〇一一年の「イエメン騒乱」以降は、政情も不安定になり街並みも破壊されたが、わたしが仕事をしていた当時のイエメンの街並みは、古典的イスラム文化の面影を残していた。その後、一九九四年以降はＷＨＯで働くこととなったが、ここでも「東地中海」エリア（中東に加えて北アフリカ、アフガニスタン、パキスタン）の担当になり、中東には縁があった。

そして、一九九三年のオスロ合意が成立したのである。このときに定められた枠組みが、基本的には現在のイスラエルとパレスチナの関係のベースにある。現在、日本の報道機関がガザについてニュースを伝えるときに「パレスチナ暫定自治区」と語るのも、オスロ合意に基づいているからだ。

イスラエルでは、一九九二年にパレスチナとの和平交渉に前向きな姿勢を見せるイツハク・ラビンが首相に選ばれていた。このラビン首相とPLO（パレスチナ解放機構）の交渉をノルウェーが仲介し、成立したのがオスロ合意である。PLOはイスラエル建国によって発生した難民たちの帰還権とパレスチナ人の民族自決権を求める暫定政府という位置づけで発足し、一九七四年には国連総会のオブザーバーという資格を得て「国家に準ずる存在」として認められていた。現在のパレスチナ自治政府の母体でもある。

このPLOをイスラエルがパレスチナ人の自治政府として認め、PLOもイスラエルを国家として認めるというのが、オスロ合意の主な内容だ。また、イスラエルが占領している地域から暫定的に撤退し、その地域でPLOによる自治がおこなわれることも合意された。パレスチナ問題は、解決に向けて動き出したかに見えた。

イスラエルの撤退完了を涙で語ったガザの職員

ラビン首相もシモン・ペレス外相とともにノーベル平和賞を受賞したが、オスロ合意後、イスラエル国内には右派の不満が燻《くすぶ》り続けていた。そして一九九五年一一月四日、平和集会に参加していたラビン首相がユダヤ人学生によって暗殺されると、和平に向けて動き始めていた歯車は、一気に逆戻りすることとなったのだ。

このときわたしはWHOの仕事でエジプトのアレキサンドリア市におり、ラビン首相の暗殺はニュース速報で見、近づいていたと思われたパレスチナ・イスラエル和平がどうなるかと非常に衝撃を受けたのを覚えている。

いっぽう、パレスチナでも、イスラエルと和平交渉を進めるPLOに不満を抱く勢力が台頭してきていた。現在、ガザを実質的に支配しているハマスである。ハマスという名称は「イスラム抵抗運動」を意味するアラビア語の頭文字である。

オスロ合意によって芽生えた和平への気運は、イスラエル、パレスチナ両陣営内部の右派勢力・武闘派の突き上げによってなし崩しになった。アラブ諸国で構成される国際機関・アラブ連盟は、イスラエルが二〇〇六年にレバノン、ガザに侵攻したことで、オスロ合意は事実上崩壊したと考えている。

ＷＨＯで働き始めたわたしは、一九九四年から二〇〇〇年はエジプトのアレキサンドリアで、二〇〇〇年からＵＮＲＷＡに出向する二〇一〇年まではカイロに住んだ。ガザには数回、赴いた程度だった。まさか自分がそこに腰を据えて仕事をするようになるとは思っていなかったが、訪問したＵＮＲＷＡの診療所のスタッフたちがみな、全力でよく働いていた印象が強く残っている。とりわけ、ガザを一九六七年から占領してきたイスラエルのオスロ合意による撤退が完了した翌日、二〇〇五年九月にＷＨＯのガザ事務所とテレビ電話で会議をおこなったときのことは忘れられない。ガザのパレスチナ人職員が、涙ながらにイスラエルの撤退完了を報告したのだ。

二〇一〇年にＷＨＯからの出向という形でＵＮＲＷＡの保健局長となり、ヨルダンのアンマンを拠点にパレスチナ難民の医療に携わるようになった。まさか八年もここで働くことになるとは考えていなかった。三年ぐらいかな、と考えていた。ＷＨＯでは「東地中海」の二二カ国が担当で、各地への出張も多かったが、ＵＮＲＷＡでの仕事はパレスチナ難民が対象。担当するエリアもＷＨＯ時代に比べれば限定的なので、三年ぐらいでマンネりに陥ってしまうのではないかとも考えていた。しかし住み始めて、パレスチナ情勢が悪化の一途にあることを実感した。そして、ここで仕事を続けていれば、多くのパレスチナ難民と同じように、自分の精神も閉塞感に支配される恐れを感じた。人間としての尊厳が危機にさらされる地域で働くというのは、そういう恐怖心とも隣り合わせなのだ。

ガザの三度の戦争

ガザが、この一〇年で経験した三度の戦争について述べよう。

最初は二〇〇八年一二月から、翌二〇〇九年一月にかけて約三週間に及んだ。イスラエル軍の作戦名は「キャストレッド作戦（Operation Cast Lead）」といい、ユダヤ教の祭りで子どもたちに与えられる独楽《こま》を意味している。いっぽう、アラブ諸国は、この戦争を「ガザの虐殺」と呼んでいる。事実、パレスチナ側で失われた一三三〇人の命のほとんどはガザに住む一般市民、しかも約三分の一は幼い子どもの命だった（イスラエル側の死者は一三人で、そのうちの一〇人は兵士）。

二〇〇七年六月、ガザはハマスによって占拠された。ＰＬＯの主流派政党であるファタハは、これを「クーデター」と非難したが、このとき以来、現在までガザはハマスによって実効支配されている。そして、ハマスはガザを拠点としてイスラエルに向けたロケット弾の発射や自爆テロなどの攻撃を繰り返す。二〇〇八年六月にイスラエルとハマスの間で半年間の停戦協定が結ばれたが、一二月にそれが失効し、戦争が起きたのである。一二月に入って以降、エジプトの仲介で停戦協定延長の交渉が持たれたが、ハマスはイスラエルによるガザの封鎖が解除されないことに納得せず、停戦協定の延長に同意しなかったのだ。

ハマスはパレスチナの国会に当たる立法評議会の二〇〇六年の選挙で過半数（定数一三二議席のうち、七四議席）を獲得し、ファタハとの連立政権を担っていたが、国際社会では多くの国がハマスをテロ組織に指定していて、ハマスが政権に加わるのならパレスチナ自治政府への支援をストップするという国も相次いでいた。イスラム原理主義の台頭はハマス、パレスチナにかぎらず全世界的な傾向だったが、ハマスの台頭とガザの実効支配が、パレスチナとイスラエルの関係をより難しいものにしていることは事実だろう。

二度目となる戦争は二〇一二年一一月の、イスラエル軍が「防衛の柱作戦（Operation Pillar of Defense）」と呼ぶものだ。これもハマスによるガザからのロケット弾攻撃に対するイスラエルの報復だ。この戦争ではパレスチナ人一六七人がイスラエルの攻撃で死亡したが、ハマスもまた、イスラエルに協力したとの嫌疑によってパレスチナ人八人を処刑している。

そして、三度目が二〇一四年七月八日からの「五〇日間戦争」である。UNRWAでの仕事が丸三年になり、多くのパレスチナ人の友人・知人もできたわたしにとって、このときの戦争は生々しい記憶が残る。

空爆のなか、出勤し続けたケファ所長

ガザのジャバリアという地域にUNRWAが運営する難民キャンプの診療所がある。この当時の所長は、ケファさんという女性だ。UNRWAはパレスチナ難民救済のための機関だが、そこで働く職員も九九パーセントがパレスチナ難民で、ケファ所長もそれに当てはまる。

彼女は二〇一四年の「五〇日間戦争」の最中も、一日も休まず出勤を続けた。この戦争によってガザだけでも二〇〇〇人以上の死者が出たが、これは第四次中東戦争以降で最大

の犠牲者である。イスラエルはガザに対して本格的な空爆と砲撃を実施し、戦争の始まった七月八日だけでも二〇人以上が死亡した。

そんな爆撃が続くなか、ケファ所長はもちろん、彼女だけでなくＵＮＲＷＡのスタッフの約八〇パーセントが出勤を続けていた。所長という立場であれば休むわけにいかないという思いもあっただろうが、彼女の自宅から診療所までは一〇キロメートルほどの距離があったと思う。その道を車を運転して通勤する。被弾の可能性は決して低くはないのだ。

「わたしが診療所に行かなかったら、誰が所長の仕事をするの？　この診療所には毎日、多くの患者さんが来るのよ」

そして、ケファ所長は、こう言った。

「いつも空爆の危機と隣り合わせで、五〇日間の毎日が恐怖心との闘いだった。だから、神さまに祈りました。朝、家を出るときには『無事に診療所まで着きますように』と、勤務中は『家にいる家族を守ってください』と、そして帰宅するときには『無事に家に着きますように』と」

ガザのリマルという地域にある診療所の看護師・イルハムさんも、空爆のなか、出勤を続けたひとりだ。しかも、彼女の子どもは、まだ生後六カ月だった。その子を自宅に残し、徒歩で一〇分ほどの距離を歩いて出勤し、仕事を続けた。彼女を支えたのも、使命感だ。

しかし、ケファ所長やイルハム看護師と同じように祈っていても、被害者となったスタッフもいる。幸運と悲運をわけるのは、その人の日常のおこないでも人徳でもない。イスラエルの空爆がどこに照準を定めるかだけだ。それが、戦争の現実だ。

ガザ中部のマガジ診療所で働く助産師のハナンさんは、公務員の夫とともに長年働いて、一年まえに家を新築したばかりだった。念願のマイホームは小高い丘の上にあり、庭からはガザの海岸線が一望できた。しかし、そこはこの二〇一四年の戦争で最大の激戦地のひとつだった。診療所も閉鎖を余儀なくされ、ハナンさんたち家族も爆撃を逃れてべつの場所に一カ月以上、避難していた。ようやく戦争が終わり、戻った彼女が目にしたのは、砲撃によって無惨に壁が破壊されたマイホームだった。子ども部屋の床に瓦礫《がれき》が散乱し、通学に使っていたリュックサックからノートや教科書が飛び出していた。

「日常が、そのまま壊されてしまった」

ハナンさんは、沈んだ表情で力なく語った。

電話の向こうから、激しい着弾音が聞こえる

当時、わたしもＵＮＲＷＡの保健局長として、ガザに二度、足を踏み入れている。八月六日から八日までの三日間、そして八月一一日である。八月五日と一一日から、それぞれ七二時間の停戦が発効し、そのタイミングで現地に向かった。目撃したものは、あまりにも酷薄な戦争の現実だった。

もちろん自分の身に危険が及ぶ可能性もあったが、国連の職員であるわたしの場合と、先に紹介したような現地採用のパレスチナ人スタッフを同列に語ることはできない。国連の職員がガザを移動するときは、事前にイスラエル軍に連絡して許可をもらい、屋根に大きく「ＵＮ」と書かれた防弾車を利用する。ＵＮの文字が屋根に書かれている車は、空爆の際に標的から外してもらうためだ。

ＵＮＲＷＡが運営する診療所や学校は、国連の施設なので、イスラエル軍の攻撃対象からは基本的に外されている。しかし、二〇一四年の戦争ではジャバリアのＵＮＲＷＡの学校の教室が爆撃された。当時、三〇〇〇人を超える人たちの避難所となっていたのだ。こ

の攻撃で子どもを含む一五人が死亡し、UNRWAのピエール・クレヘンビュール事務局長はイスラエル政府に対して厳重な抗議をおこなった。しかし、イスラエル政府は「学校から銃撃を受けたので、攻撃した」との説明に終始した。空爆開始から一〇日後の七月一八日には、イスラエル軍は地上部隊もガザに投入し、攻撃された学校の近くでも激しい戦闘があったのは事実だ。しかし、本当に学校からの攻撃があったのか。真実は学校の建物や一五人の命とともに吹き飛ばされたままだ。

戦争中はアンマンのオフィスからガザの診療所に毎日、電話をかけ続けた。UNRWAはガザで二二の診療所を運営していて、そのうちの一七カ所は戦争中も業務を続けていたので、スタッフ全員の安全を確認するためだ。電話をしても誰も出ないこともあった。ようやく電話が通じると、家族は全員無事か、生活はどうだ、夜は眠れるか。スタッフひとりひとりと約三〇分ずつ会話した。診療所の業務について確認するのは五〜一〇分程度。あとは家族や生活のことを聞いた。そういう会話で愚痴をこぼしたり弱音を吐いたりすることも、精神的な健康を保つことにつながるかもしれないと思ったからだ。

しかし、最後に電話したスタッフは、受話器の向こうで激しく怒っていた。

「こんなときに電話してきやがって。おまえ、この音が聞こえるか？」

電話したのは夜の九時過ぎだった。彼の住む地域がまさに砲撃にさらされていたのだ。電話回線の向こうからボーンッ、ボーンッという着弾音が聞こえてくる。わたしは、安全なアンマンにいるのだ。国連の職員という立場で日本からやってきた自分にできることには、当然ながら限界があることを改めて思い知らされた。

進まぬオスロ合意

オスロ合意は、どうなったか。

一九六七年の第三次中東戦争でイスラエルはガザ、ヨルダン川西岸を占領し、イスラエル人の入植者も増やしていったが、それは両地区をパレスチナの暫定自治区と認めたオスロ合意後も続けられていた。

これに対し、国連の安全保障理事会は二〇一六年一二月、「法的な正当性がなく、国際法に違反している」「東エルサレムを含む占領地での入植活動を迅速かつ完全に中止するよう求める」という決議を採択した。しかし、イスラエルのダニー・ダノン国連大使はこの決議を「反イスラエルの国連決議である」と非難した。

東エルサレムは、一九四九年に第一次中東戦争の休戦協定によってエルサレムが東西に分割され、東側をヨルダンが統治するとしたことによって生まれた地区だ。そして、東エルサレムを含むヨルダン川西岸は前述のとおり、第三次中東戦争の結果、イスラエルに占領されることとなったが、オスロ合意はこの地をパレスチナの暫定自治区と認めるものだった。しかし、イスラエルは第三次中東戦争後、東西に分割されていたエルサレムを統合し、現在も東エルサレムの実効支配を続けているのだ。

二〇一八年七月、イスラエルの立法府であるクネセトで「ユダヤ国民国家法」が成立した。この法律は、すでにイスラエルが首都と定めていたエルサレムを改めて、法的裏づけを強化する形で「統一された首都」と位置づけたものだ。また、イスラエルの公用語をヘブライ語のみとし、アラビア語は除外している。

一九四八年に避難して以来ガザにいるパレスチナ難民の状況は変わらない。彼らの家の鍵は、一九四八年以来、依然として使われないままだ。

第三章　パレスチナ難民の健康状態

社会的弱者の疾病から見えてくる問題

さて、この章では、医師でありＵＮＲＷＡの保健局長という立場にあるわたしの〝本業〟について話したいと思う。

わたしが結核予防会結核研究所に入所した一九九〇年、バブル景気に狂奔していた日本では、一般の多くの人が「結核は過去の病気」と考えていたように思う。しかし、現在でも世界の総人口の約四分の一がすでに結核菌に潜伏感染しており、世界の死亡原因のトップ一〇のひとつでもある。ＷＨＯの二〇一七年の発表によると、二〇一六年には全世界で一七〇万人が結核のために死亡している。

結核による死者の九五パーセント以上が、開発途上国に集中している。バブル景気に沸いていた当時の日本で、結核が過去の病気と認識されていたとしても無理はないのかもしれない。しかし、当時の日本でもホームレスなどの社会的弱者には結核を発症している人が多くいた。その事実は、結核研究所で働き始めた新米医師にとって、ひとつの衝撃だった。バブル景気の光も届かぬ闇の部分を見た気がした。

当時のことで、忘れられない出来事がある。わたしのところに、ひとりの結核患者Aさんがやってきた。Aさんの結核は進行していて、外科医が胸部に溜《た》まった膿《うみ》を取り除くための手術をおこなった。手術は成功したのだが、入院中にAさんはたびたび病院を抜け出し、近くの居酒屋で酒を飲んでは酔っ払って帰ってきた。そのたびに看護師が怒るが、Aさんは聞く耳を持たなかった。そうしているうちに彼の病状は悪化し、ついに亡くなってしまった。

戸籍を頼りにAさんの家族に連絡し、許可をいただいて解剖を済ませた。その後、家族がご遺体を引き取りにやってきたのだが、ご遺体を見て「うちのAは、こんなに背が高くない」と言うのだ。Aさんは家族と長年、音信不通だった。面貌は加齢や暮らし振りで別人のように変わることがあったとしても、成人後に身長が一瞥《いちべつ》してわかるほど伸びることは考えられない。

話を聞いていたわたしは焦った。すでに解剖まで終わっているのだ。上司に相談すると「ご家族の血液型を調べなさい」と言う。そうして調べた結果、ご遺体は戸籍上のAさんとは別人であることが判明した。

亡くなった患者さんは、Aさんの戸籍を買い取り、彼の名前を使って生きてきたのだ。本物のAさんは、亡くなった患者さんの本名を使って生きているか、あるいは、すでに亡くなったか……。

このときの経験を通じて、わたしは社会の底辺に拡《ひろ》がる暗部を垣間《かいま》見た気がした。社会にある問題は弱者の身体・健康状態に凝縮されて現れる。結核という病気は、医学的に言えば感染症のひとつだが、それを発症する人たちは社会全体の問題を背負わされているのだ。じつは、現在の日本では高齢の結核患者が増えている。そこからも「高齢化社会」や「高齢者の貧困」という日本社会全体の問題が見えてくるはずだ。

パレスチナ難民も、社会的弱者だ。彼らの健康を預かる立場となって、結核の予防医療に携わってきたことを、改めて貴重な経験だったと感じている。

なぜ、糖尿病が多いか

UNRWAの活動範囲はガザ・ヨルダン川西岸のパレスチナ暫定自治区、さらにヨルダン・レバノン・シリアに及ぶ。要するに、パレスチナ難民が存在する全域が、UNRWA

の仕事場だ。総職員約三万三〇〇〇人。非常に大きな組織だ。わたしが管理する保健分野も、一四四の診療所で約五〇〇人の医師、約一〇〇〇人の看護師を含め、総勢約三三〇〇人のスタッフが働いている。UNRWAの業務には三つの大きな柱がある。教育、社会福祉、そして、わたしの担当である医療だ。前述のとおり、ガザでは二二の診療所を運営している。ここまで述べてきたように、そこに住む人々は空爆にさらされ、家を失い、経済封鎖によって経済的にも豊かとは言えない。また、難民という境遇がどのようなものか、日本に住む者には想像もつかないようなストレスを強いられて生きていることも間違いない。

パレスチナの人々の健康状態で特筆すべきは糖尿病患者の多さである。糖尿病というと「贅沢病《ぜいたくびょう》」のように考えている読者もいるかもしれないが、その認識は誤りだ。二一世紀の難民の健康にとって、最重要課題は糖尿病を含む生活習慣病だ。

パレスチナ難民に糖尿病が多い理由のひとつは、彼らの食生活にある。パンが主食であり、経済的理由で副菜を豊富に摂《と》ることが難しいため、安価で売られているパンで空腹を充《み》たす傾向が顕著なのである。パレスチナを含めて中東では、おしなべてパンが安い。一

安価なピタを主食にしている人が多い

ヨルダン・ディナール（約一五六円）で、ピタと呼ばれる平たいパンが四キログラムも買えるのである。そのいっぽうで、野菜や肉の値段は高い。

また、中東の人たちは砂糖を大量に入れた非常に甘いシャイ（紅茶）を好んで飲む。UNRWAが運営する学校にある売店でも、ポテトチップスなどのジャンクフードや甘味の強い清涼飲料水が置かれていて、生徒たちに人気がある。保健局としては、子どもたちが食べるものだから「もっと健康に良い商品、たとえば飲み物ならミネラルウォーターや糖分の少ない健康ドリンクを置いてほしい」と学校側に要請するのだが、学校側はジャンクフードを売り続けていることが少なくない。売店の売り上げは、学校にとっては唯一と言ってもいい現金収入源だからだ。

こういった太りやすい食生活に加えて、運動をするという習慣もない。そもそも、ウォーキングをしようと思ってもガザでは歩道も整備されていないし、緑豊かな公園もない。もちろん、スポーツジムのようなものもガザでは一般的ではない。バランスの取れた食事を摂り、適度な運動をするという日本の「常識」は、ガザの人々にとっては実現不可能な夢物語なのだ。

二〇一三年にUNRWAは糖尿病に関する調査をしたが、ヨルダンでは女性患者の約九割が「肥満」あるいは「太り過ぎ」だった。

これは、先進国を基準に考えれば、驚愕《きょうがく》に値する調査結果だ。UNRWAの活動が始まった一九五〇年代には、医療分野でまず力を入れなければならなかったのは、感染症と女性の出産・新生児の誕生前後に多く見られる疾病への対応だった。事実、当時はパレスチナ人の死因が高い割合でこれらの疾病で占められていた。そういったUNRWAの取り組みが功を奏し、次に浮かび上がってきたのが生活習慣病なのだ。

食生活の習慣は国によって千差万別で、本来ならばWHOなどの注意喚起や啓蒙《けいもう》活動を通じて改善していくことが可能だ。問題は、そういった改善の呼びかけを実行していくためには経済的余裕が不可欠で、ガザにはその余裕がないという事実だ。

UNRWAは一九九〇年代からパレスチナ難民の糖尿病と闘い続け、二〇一六年末の時点では高血圧を含めた約二七万人がUNRWAの診療所で治療を受けている。この糖尿病に加えて心血管疾患、悪性新生物（ガン）、喫煙による呼吸器疾患がパレスチナにおいて問題となっている疾病だ。事実、パレスチナ難民の死因の七〜八割をこれらの疾患が占めていると推定されている。

喫煙率は男性で四七パーセントという高い数字が統計によって明らかになっているが、ここにも中東独自の伝統文化が影響している。パレスチナ人が甘いシャイを好むことは前述したが、それと一緒にシーシャと呼ばれる水パイプでタバコを愉《たの》しむ文化が中東には根づいているのだ。

健康問題の背景には、必ずと言っていいほど、貧困問題が存在するが、貧困対策はUNRWAの仕事の範疇《はんちゅう》を超えている。そして、当該社会の伝統文化が影響しているとなれば、解決はさらに困難になる。社会全体の貧困や伝統文化が影響する疾病の患者数は多数で、それに対応するUNRWAの力はかぎられているのだ。しかし、糖尿病などの生活習慣病に対して、かぎられた力で効率よく対応できる方策が、知恵を絞れば必ず見つかるはずだ。

母子手帳は「命のパスポート」

UNRWAは多岐にわたる医療サービスを提供しているが、そのなかでも特に長い歴史を持ち、多くのパレスチナ難民に利用されてきたのが母子保健サービスだ。

前述のとおり、UNRWAが活動を始めた一九五〇年代には新生児と出産直後の母親の感染症が大きな問題だった。日本では当たり前の妊娠中のケア、生まれてきた子どもへの各種の予防接種や発育の検査などが、当時のパレスチナではほとんどおこなわれていなかったのだ。そして、こういった妊娠中から出産後の母子に対するケアを徹底させる上で大きな貢献を果たしているのが、日本から導入された母子手帳（母子健康手帳）制度だ。

母子手帳制度の前身・妊産婦手帳制度は、戦時下の一九四二年に誕生し、これによって配給物資も優先的に受け取れるようになった。戦後、一九四七年の児童福祉法施行によって母子手帳と名称が改められ、一九六六年の母子保健法施行で現在の母子健康手帳となった。そして、海外でもこの日本の制度に対する評価は高く、インドネシアは一九九四年から日本式母子手帳の配布を試験的に開始し、一九九八年からは「母と子の健康手帳プロジェクト」として広く普及するようになった。JICAの研修で日本を訪れたインドネシアの医師が、母子手帳の存在を知り、自国にも導入しようと思いついたのが発端だった。

この「日本が世界に誇る」と言ってもいい母子手帳制度を、パレスチナにも導入する取り組みが二〇〇五年から始まった。アラビア語版・母子手帳の開発には、UNRWAだけでなくUNICEF（国連児童基金。ユニセフ）、JICA、さらにはパレスチナ自治政府の保健庁や現地のNGOも加わり、インドネシアも協力した。パレスチナの母子手帳は二〇〇八年に完成し、わたしがUNRWA保健局長に着任した二〇一〇年にはヨルダン川西岸の八九パーセント、ガザでも六三パーセントの母子が手帳を利用するまでに普及し、現在ではパレスチナ難民の母親全員に使われている。現地での評判は、非常にいい。そして、二〇一五年には、こんなニュースも流れた。

母子手帳は赤ちゃんにとっての「命のパスポート」

シリアには約五二万人のパレスチナ難民が存在するが、二〇一一年のシリア騒乱以降、同国は内戦状態に陥り、多くのシリア難民が発生した。そして、このシリア難民のなかにはパレスチナ難民も多く含まれていた。

彼らは〝二重の難民〟になったと言える。そんな二重の難民のなかに、小さな赤ちゃんを連れてヨーロッパに避難した母親がいた。そして、母親のバッグにはシリアのパレスチナ難民キャンプで渡された母子手帳が大切にしまわれていたのである。

そこには妊娠期間中からの大切な発育の記録が記されている。これがあれば、避難先のヨーロッパで赤ちゃんの健康に異変が起きたとしても、医師はその記録をもとに適切な処置をすることができる。パレスチナの母子手帳は、二重の難民となった赤ちゃんにとって「命のパスポート」となったのだ。

家庭医チームの導入

ＵＮＲＷＡが運営する診療所の日常は、非常に多忙だ。全部で一四四カ所にある診療所を統括するのがわたしの仕事だが、外来受診者の年間延べ人数は約九〇〇万人にも上る。パレスチナ難民の数は約五五〇万人だから、ひとり当たり年間二回弱、ＵＮＲＷＡの診療所で受診している計算だ。ひとりの医師が一日に診《み》る患者の数は平均八〇人で、週休二日として単純計算すれば年間では二万人を超える。日本では年間約八五〇〇人と言われている。これはＯＥＣＤ（経済協力開発機構）加盟国の平均の約三・五倍だが、医師不足と言われる日本の現状と比べてもＵＮＲＷＡの診療所で働くスタッフの労働環境は過酷である。

前述のように、パレスチナ難民の疾病構造もＵＮＲＷＡの活動開始当初から大きく変化してきた。また、過酷な労働環境の下、スタッフたちの頑張りによって充実した医療サービスを提供してきたとしても、同じサービスを半世紀以上も続けていれば、どうしても組織は硬直化し、サービスも形骸化していくものだ。そこで、二〇一一年以降、かなり大規模な改革に着手してきた。

そのひとつが「家庭医チーム（Family Health Team）」の導入だ。チームは医師・看護師・助産師などで構成され、チームとしてパレスチナ難民に医療サービスを提供する制度である。

この制度の導入以前、UNRWAが運営する診療所には三種類の外来窓口があった。妊婦・新生児を診る「母子保健外来」、糖尿病・高血圧の患者のケアをする「生活習慣病外来」、そして風邪・腹痛などの一般的な疾患を診る「一般外来」だ。一見すれば普通で、合理的なようにも見えるが、じつは、ここに改善の余地があった。

仮にファティマさんという妊娠中の女性がいたとしよう。ファティマさんは通常は母子保健外来を受診するが、妊娠中に糖尿病を発症すれば生活習慣病外来を受診し、風邪を引けば一般外来を受診する。これでは、診療所に「三人のファティマさん」がいることになる。妊娠したファティマさん、糖尿病のファティマさん、そして風邪を引いたファティマさんの三人だ。これは、患者中心のケアではなく、疾病中心のケアだ。しかもファティマさんは、受診するたびに、異なる医師に向かって病状、健康状態を説明しなければならない。これはどう考えても、医師と患者の双方にとって時間と労力の無駄である。

家庭医チーム導入に当たって、このような疾患別の外来を廃止した。診療所に医師が三人いれば各医師に看護師・助産師を割り当て、三つの家庭医チームを作った。そして、その地域の住民（パレスチナ難民）を三群にわけ、各チームに割り当てる。これにより、受診の理由がなんであれ、住民はいつも同じチームの医師・看護師・助産師に診てもらえることになる。医療従事者と患者との間に親密なコミュニケーションも築かれ、継続的な治療がおこなわれる。そして、同じ家庭の患者たちは全員、同じチームに診てもらえることになるのだ。これが家庭医チームだ。

この制度は、日本でも話題にはなるものの、いまだ本格的導入にはいたっていない。しかし、欧米の先進国では広く実施されている（英語名はFamily Medicine あるいはGeneral Practitioner）。患者を、そして家族全員を継続的に、包括的に診ていく。医療だけでなく生活全体のケアが必要な生活習慣病に対応するには、もっとも適した制度だ。

この改革は巧く進んだ。二〇一二年から導入を進め、二〇一六年末にはヨルダン・レバノン・パレスチナ暫定自治区（ガザおよびヨルダン川西岸）のすべての診療所で導入することができた。現在、シリアでも大多数の診療所で導入されている。多くの患者から好反応が返ってくるのも、わたしにとっては大きなよろこびだった。「自分の主治医、自分の家族全員の主治医がいる」という安心感を提供できたのだと思う。

改革を手助けするため、電子カルテの導入も進めた。UNRWAでは、二〇〇九年からオリジナルの電子カルテ・フォーマットを作り、導入を進めていたが、それを二〇一三年に家庭医チーム用にリフォームして、新制度の導入とシンクロさせて各診療所に広めていった。患者の診察・検査・投薬のデータをすべて電子化した。さらに、診療所の活動をまとめる報告書作成の機能も新たに加え、同時に電子カルテ導入に必要な通信設備等のインフラも整備していったのだ。

電子カルテの本格的導入によって、それまで大量にあった手書きのカルテや書類を管理する業務が合理化された。患者の既往歴や検査結果などの治療経過も一目瞭然だ。薬局での処方も、医師から送られてきた指示をパソコンで確認することで迅速化された。現在約三四〇万人のカルテが電子化されている。

ただし、難民キャンプでは日常的に電力・通信などのインフラにトラブルが生じることは、すでに述べたとおりだ。その対策を、いま進めているところだ。

医学論文を発表する狙い

パレスチナ難民は、いまだに世界最大の難民グループである。UNRWAの創設が採択された二年後(一九五一年)には、やはり国連でUNHCRの創設が採択され、パレスチナ以外の難民の支援を目的に活動を続けている。パレスチナで難民が発生して以降も、世界ではアフリカ、アジアで、そして旧ユーゴスラビアの崩壊などによってヨーロッパでも、多くの人たちが自分の土地を追われて難民となってきた。しかし、現在も世界の難民の約四人にひとりはパレスチナ難民だ。

ただ、シリアからヨーロッパへの難民問題は大きく報道されたものの、いっぽうでパレスチナ難民はその存在すらも国際社会で忘れられかけているように思える。それが現状ならば、変革の必要がある。小さな一歩でも進めるべきなのだ。

そのために、ＵＮＲＷＡができることのひとつが医学論文の発表である。ＵＮＲＷＡの活動やパレスチナ難民の存在を広報・アピールするためには、世界的な権威を持つ科学・医療分野の雑誌に論文を掲載することが必要だと考えた。ＵＮＲＷＡは国連機関だから世間の注目度は高い、と思われるかもしれない。しかし、実際はそうではない。国連機関に対して官僚的・硬直的といった批判の声が世界では強いのも現実だ。

単にパレスチナ難民のことを知ってもらうためだけならば、医学論文の形にしなくても、優秀なジャーナリストにお願いしたほうが効果は高いかもしれない。しかし、わたしが本当に伝えるべきことは「パレスチナ難民の健康状態から見えてくる、その実状」である。前述したような「健康問題の背後にある社会問題」だ。

ＵＮＲＷＡの予算を確保するためにも、ＵＮＲＷＡがどのような医療サービスを提供し、どのような実績を上げ、今後の課題・必要としているサポートはなにかを科学的なデータとともに明示する必要がある。だからこそ、ジャーナリズムでも国連による広報でもなく、医学論文の形でなければならなかったのだ。

しかし残念ながら、これはＵＮＲＷＡだけではできない。わたしも医師ではあるが、Ｕ

NRWAの保健局長であり、研究者ではない。

では、どうするか。答えはパートナーシップの活用だ。客観的立場からの評価を得られる論文を書くことのできる大学や研究機関、あるいはコンサルタントと協働して、UNRWAの活動をもとにして研究論文を発表することを考えた。

家庭医チーム制度と電子カルテを導入した際、糖尿病患者の管理に、結核対策の手法を用いた。専門用語で「コホート分析」と呼ばれるが、要は何人の患者が発見・治療され、そのうち何人が糖尿病を併発しているかといった詳細を継続的に見ていくものだ。実際、医療施設単位でこういった分析をおこなっている例は存在する。しかし、UNRWAのように国家的単位の健康を預かる立場の組織として、徹底して実践しているケースは非常に少ない。対象となる患者が難民となれば、人類史上でも例のないケースと言えるはずだ。この論文作成には、英国で権威的立場にある医学博士にお願いし、最終的に五本の論文を書いてもらった。

また、べつの調査ではガザの乳児死亡率が昨今減っていないということもわかった。乳児死亡率は世界各地で継続して減っており、ガザでも過去数十年は継続して減少傾向にあった。しかし、その減少が止まった。これは非常に重大な調査結果であり、世界に発表すべき報告だった。

そのころちょうど、オランダから博士号を持った若い医師がインターンとしてUNRWAにやってきた。彼女に論文の執筆をお願いすると快諾してくれた。もちろん、論文を書いただけでは意味がない。そして、論文が掲載されるのは世界的な医学雑誌でなければならない。多くの人の目に触れなければ意味がないのだ。結果、論文は、米国の『プロス・ワン（PLOS ONE）』という医学雑誌に掲載された。『ニュー・イングランド・ジャーナル・オブ・メディスン（New England Journal of Medicine）』や『ランセット（The Lancet）』とともに世界の医学界で高く評価されているメディアだ。

これには世界でも大きな反響があり、英国の高級紙『ガーディアン』でも紹介され、雑誌『ニューズウィーク』にはわたしのインタビュー記事も掲載された。そして、二〇一七年には糖尿病に関するふたつの国際会議に、UNRWA保健局を代表してわたしが呼ばれることとなった。こうした国際会議にUNRWAが呼ばれることこそ、論文の発表を通じて目指してきた目標だ。

しかし、反響のなかには批判的な声もあった。『ガーディアン』の記事はネット上で約六〇〇〇人にシェアされ、それに対して約八〇〇のコメントが寄せられたが「ＵＮＲＷＡがくだらない論文を書いている」といったものから、さらには「この記事はゴミだ」というものまであった。

論文を書く上で科学的な破綻がないように細心の注意を払ったのは言うまでもないが、こういったネット上の批判的な反応は、わたしにとって、サイエンスに対しても感情的な中傷が存在し、ＵＮＲＷＡやパレスチナ難民に対してどういう視点が存在するかを知る意味で貴重な体験となった。もちろん、そういった批判的意見は決して多数派ではないと信じたい。

パートナーシップから生まれた〝#Dignity Is Priceless〟

『ランセット』は世界の五大医学雑誌のひとつにも数えられていて、同誌のリチャード・ホートン編集長とは、ある国際会議で出会って意気投合して以来、緊密な関係を築いている。彼は医学博士でありパレスチナ情勢と難民の現状についても非常に理解が深かった。

ホートン博士は、わたしがUNRWAに着任する以前から『ランセット』とパレスチナの大学との協働でパレスチナの医療に関する会議（Lancet-Palestinian Health Alliance）を毎年開催している。

二〇一八年に入って米国がUNRWAへの拠出金を凍結すると発表した際には、ホートン博士から連絡が入り、わたしに「すぐにコメントを発表すべきだ」と助言してくれた。コメントの内容までアドバイスをくれたのだ。それは〝No Health without Peace〟（平和のないところに健康はない）というメッセージにすべきだというものだった。というのも、二〇一五年の国連サミットで「持続可能な開発目標（SDGs）」が全会一致で採択されていたのだが、二〇三〇年までに国際社会が達成すべき一七の目標の三番目に掲げられているのが「すべての人に健康と福祉を」であり、一七の目標全体を通しても「人権重視」の姿勢が強く打ち出されている。そのため、ホートン博士は、この国連サミットでの採択の主旨に沿う形で、米国の拠出金凍結に対してUNRWAの存在意義をアピールするコメントを発表しろというのだ。

たしかに、国際社会で大きな話題となっているSDGsに沿えば多くの共感や支持を得られるはずだ。問題は医学論文のときと同じように「誰が書くか」だった。しかし、幸運なことに、このときも強力な助っ人が現れた。

米国のジョンズ・ホプキンス大学から公衆衛生の修士がＵＮＲＷＡにインターンとして研修に来ていたのだが、この女性は医学のほかに歴史を勉強しており、素晴らしいテキストを書き上げてくれた。ただ、これを発表する際に、頭を悩ませる問題に直面した。彼女はユダヤ系で、そのことは彼女のファミリーネームを見れば明白だった。短期の研修でＵＮＲＷＡに来ただけの未来ある研究者にパレスチナとイスラエルを巡る国際政治の影響が及ぶことはないだろうか。彼女に率直にその懸念を話すと、彼女はこう言った。

「わたしはユダヤ人ですが、ユダヤ人のなかにもパレスチナ難民の人権、人間としての尊厳を真剣に考えている人間がいる。それを世界に発信するのは意義あることだと思います」

結果的にわたしがファースト・オーサー（第一執筆者）、彼女をセカンド・オーサーとして署名を入れ、コメントを発表した。ユダヤ系の女性研究者の心意気、そしてホートン博士の「人権をアピールせよ」という慧眼《けいがん》は、このコメント発表後、ＵＮＲＷＡの活動のなかでさらに発展を見せた。

米国による拠出金の凍結、その後に発表されたUNRWAへの支援の全面打ち切りを受けて、わたしたちは資金集めに奔走することになった。世界中から善意の寄付を募るためのキャンペーンを展開するためには、心に響くキャッチコピーが必要だった。

〝#Dignity Is Priceless〟（#尊厳を守る）

UNRWAが直面している財政上の問題については次章で詳述するが、わたしたちはいま、この「尊厳を守る」という理念を掲げてパレスチナ難民救済のための募金キャンペーンを世界中で展開している。

仕事を得るか、さもなくば自殺か

「人間としての尊厳がほしい」

そういった声を、ガザでは嫌というほど聞かされる。フェイスブックで知り合ったMさんという二一歳の男性も、そんな叫びを発し続けるひとりだ。

彼からのメッセージがはじめてわたしのパソコンに届いたのは、二〇一六年が始まったばかりの頃だった。フェイスブックのプロフィールでわたしがUNRWAの保健局長であることを確認して「仕事がほしい。二年制の職業訓練学校を卒業したが、職に就くことができないで困っている」と連絡してきたのだ。

前述のとおり、ガザは「地上最悪」の失業率の高さであり、就職先としてUNRWAは人気だ。実際、Mさん以前にもフェイスブックのアカウントを通じて同様の依頼を受けることが少なくなかった。しかし「UNRWAの公募制度を通じて応募してほしい。UNRWAの職を求めている人は大勢いて、すべてに対して公平でないといけないので、残念ながら個々の依頼に応じることはできません。ご理解ください」と返信するしかない。

Mさんにも同様のコメントを返した。通常ならば、それで終わるはずだが、Mさんの場合はそれでは済まなかった。

「わたしの家は二〇一四年の戦争で破壊されました。行く場所がないので、いまも壊れた家に住んでいます。わたし以外の家族もみな、無職で日々の生活にも本当に困っています」

過酷な状況だが、ガザでは、ほかにもそういう人は大勢いる。そして彼のメッセージに

それを知り、安堵《あんど》と疲労感を同時に味わった。二〇一六年三月にガザを訪れた際、わたしはMさんに直接のコンタクトを取ってくれた同僚医師と一緒に、彼と会ってみることにした。

ごく普通の青年で「あんなことをして、本当に申し訳ありませんでした」と、素直に詫《わ》びた。そこから、わたしはMさんと時間の許すかぎり、いろいろな話をした。Mさんはインテリアデザインに興味があり、自分が手がけた部屋の写真をたくさん見せてくれた。わたしは彼に「いま、いちばんほしいものは？」と聞いてみた。

あれほど、脅迫めいたメッセージや写真まで送りつけ、わたしに「UNRWAの仕事をくれ」と迫ってきた彼だ。このときも同じ答えが返ってくるかと予想したが、違っていた。

「人間としての尊厳がほしい」

彼は、そう言ったのだ。「なにがほしいか」と問われ、そんな言葉を返す二一歳は、日本にはいないだろう。しかし、このあと同様の質問をガザの若者たちに向けてみて、わたしは知ることになるのだが、ガザではめずらしくない当然の答えだった。Mさんの言葉は、ガザは二〇一四年の「五〇日間戦争」のような目に見える戦争だけでなく、つねに〝目に見えない戦争〟の強圧と恐怖にも人々がさらされていることを証明しているように思えた。

子どもたちのPTSDと、ナンシー・アジュラム

ガザではメンタルヘルスのケアが大きな課題となっている。過去一〇年で三度の大きな戦争を経験した「戦争しか知らない子どもたち」の多くに、PTSD（心的外傷後ストレス障害）の症状が見られるのだ。また、成人でも「職がない」「生活が不安定」といった状況は、メンタルヘルス上の大きな問題となり得る。さらに、パレスチナに多く存在する糖尿病や高血圧といった慢性疾患の管理は、患者にとって根気を要する長い闘いで、精神的負荷も小さくない。患者は、ときに考え込み、あるいは落ち込むこともある。そうした場合にも、心理的なサポートが重要になってくるのだ。

メンタルヘルスの重要性は、先ほど紹介した家庭医チーム制度でも言えることだ。導入を検討していた段階で、カナダのトロントへ視察に赴いたことがある。トロントでは、この制度をすでに広く導入していたのだ。そのときに懇談した家庭医チームも、メンタルヘルスの重要性を強調していた。家庭医チームが診る患者の約三割に、広い意味での心理的

サポートを含めたメンタルヘルスのケアが必要だという。

二〇一二年から始まったＵＮＲＷＡの家庭医チーム制度は、二〇一六年末までにガザを含め、ヨルダン川西岸・ヨルダン・レバノンでＵＮＲＷＡが運営するすべての診療所で実施されるようになった。シリアでも大多数の診療所で導入されている。ただ、この制度の導入を開始した時点では、メンタルヘルスのケアまでカバーできていなかった。糖尿病対策や母子保健など、従来から提供してきたサービスに沿って導入を図ったからだ。しかし、これからはメンタルヘルスのケアにも力を入れていく。家庭医チーム制度をより包括的にするとともに、必要なサービスを導入して、サービス全体の質を上げていくためだ。

そのためには、医師・看護師・助産師といったスタッフに対するメンタルヘルスの研修が必要だ。そこには、うつ病やストレスのケアとともに、従来の生活習慣病外来、母子保健外来でも必要となる心理的サポートやカウンセリングを充実させるための内容も含まれる。それによって診療所で受診するすべての患者に、メンタルヘルスを含めた包括的な家庭医チームサービスを提供することが目標だ。

この取り組みは、二年まえからガザにある診療所を選び、試験的に始めた。当初は試行錯誤しながらも次第に順調にサービスを提供できるようになった。患者からの評価も高い。

二〇一七年末の時点では、すでに一三の診療所でメンタルヘルスのケアが始まっていた。

そのうちのある診療所で、糖尿病の女性の患者一〇人を集め、生活改善指導と組み合わせたメンタルヘルスのグループカウンセリングを見学した。

四八歳の患者が言う。

「むかしは太っていて、動くのも大変だった。精神的にもとても滅入《めい》っていた。でも、このグループに入ってから、すべてが変わったわ。糖尿病の管理も巧くいき始めている。食事に気をつけるようになり、街を歩くようになったの。水分もきちんと摂り、炭水化物（パン）もできるだけ減らして果物を多く食べるようにした。おかげで体重が一年間に三五キログラムも減ったのよ。近所の人にも『見違えるほど健康的になって、いったいどうしたの？』と言われたわ。息子も太っていたけど、彼も体重が二〇キログラムも減って。家族全員で健康に感謝しているの」

三八歳の患者も、こう言う。

「以前は体重が八〇キログラムもあって、血糖値（空腹時）も二六〇（mg/dl）と正常値の約二倍。でも、グループカウンセリングに参加するようになって、糖尿病と向かい合うことができたの。いまでは『糖尿病とともに生きていく』という前向きな気持ちを持てるようになったわ。食生活も変わり、料理方法も変わった。以前は調理用のオイルを大量に使っていたの。うちは子ども六人を入れて八人の家族だけど、UNRWAからもらっている食糧援助の調理油を三カ月で一六本も使っていた。いまでは半分の八本よ。体重も一五キログラム減って六五キログラムに。血糖値もほぼ正常の一二〇（mg/dl）になったわ」

まるでダイエット産業のコマーシャルのようなコメントが続くが、これがメンタルヘルスのケアによる成果だ。ほかにも「体重が一〇六キログラムから八〇キログラムに減った」「街で親戚の人に会ったので挨拶したら『どちらさま？』と聞かれた」など驚きのコメントが次々に飛び出した。

じつは、わたしは「中東では『太っている』ということは『裕福』と同義語ではないか」と思っていた。痩せることに抵抗のある人が多いのではないかと案じていたのだ。しかし、ここにいる誰もが体重が減ったことをよろこんでいる。女性たちは、わたしにこう言った。

「むかしは『太っていることイコール食べることに困っていない』というポジティブなイメージもあったし、男性にとっては自分の妻が痩せていることを恥と考える文化も幅を利かせていました。しかし、健康志向が強くなった現代では、太っているのは単なる食べ過ぎと見られるので、肥満を好む人は誰もいません」

こうした意識の変化には、レバノン出身の女性シンガー、ナンシー・アジュラムの影響も大きいようだ。中近東のポップミュージックシーンで世界的にもっとも成功したアーティストと言える彼女は、抜群のプロポーションを武器に踊って唄う。パレスチナの女性たちにとっても憧れの的となっているのだ。

時代は変化する。そして、わたしたちUNRWAの医療サービスも、患者のニーズの変化に遅れることなく対応していかなければならない。紹介してきたメンタルヘルスのケアを強化する取り組みは、日本からの援助で進めているものだ。二〇二〇年までにUNRWAが運営するすべての診療所で実践できるようにしたいと考えている。患者同士が励まし、助け合い、自分自身を肯定できる場。それは「今日に感謝し、明日に希望を持つ」という、パレスチナ難民にとっては非常に難しいかもしれないが重要な心の状態へとつながるはずだ。明日に希望が持てなければ、いったい誰が自分の健康を気遣うだろうか。

ドメスティック・バイオレンスの悲しい現実

わたしは、自分が進めてきたメンタルヘルスのケアを強化する取り組みを、少し美化し過ぎているかもしれない。まだまだ、厳しい現実がある。ある診療所の助産師から、こんな話を聞いた。

妊婦健診に来る女性が重度の貧血で、助産師は食事・生活の改善を指導したという。しかし、ガザではめずらしいことではないが、この女性の家庭では職に就いている者はひとりもいなかった。非常に貧しく、食事はＵＮＲＷＡの食糧援助だけが頼りであることがわかった。

「患者である妊婦が置かれている環境を考えると、自分のおこなった食事改善の指導がまったく無意味だった気がして、悲しくて……。無力感に苛《さいな》まれたんです」

患者の話を聞きながら涙が止まらなかった、その日は家に帰るときも泣きながら帰ったという助産師は、そう振り返った。

メンタルヘルスのケアを進める上では、それを提供する医療従事者のケアも欠かせない。特にガザのように、問題の根源が社会全体の問題に深く起因している場所では、患者さんへのメンタルヘルスケアや知識の指導だけではどうしようもできない問題が横たわる。医療従事者も患者の苦悩を自分の苦悩と感じ、その重さに自らが苦しむことが多い。だから、医療従事者がしっかりとケアを続けられるようなサポートも必要なのだ。

まだメンタルヘルスのケアに力を入れ始める以前のことだが、ガザを訪れたとき、地域の婦人会の会合を見学したことがある。その日の会合のテーマは「性差別」であった。すでに述べているとおり、ガザは封建的な社会で、伝統的に性差別が存在する。ドメスティック・バイオレンス（家庭内暴力）も、件数を数字で示した報告はないが、事例は少なくない。

そこで、わたしは会合に出席していた女性たちに聞いてみた。

「みなさんの家庭や、その周囲で、家庭内暴力の事例はありますか？」

すると、ほぼ全員が「ある」と反応した。身体的な暴力もあれば、言葉による暴力もあるという。

「わたしは医療サービスの責任者なのですが、わたしにできることはありますか？」

家庭というプライバシー空間に踏み込み、夫婦間のことを問うシリアスかつデリケートな質問だったため、わたしは場を和ますために「なんだったら、お宅に行って、奥さんの代わりに旦那を殴ってあげましょうか？」と冗談も言ったのだが、約二〇人の出席者から一斉に、同じ答えが返ってきた。

「うちの旦那に職をくれ」

返す言葉がなかった。

ある参加者が立ち上がって発言した。

「うちの旦那は、本当はとても良い人なんです。ただ、職がなくて、家族のために働くこともできず毎日、家にいるからストレスが溜まる。それで、わたしや子どもに当たるんです。職さえあれば……」

ほかの出席者たちも全員、頷《うなず》きながら彼女の話を聞いていた。このときの、膝から力が抜けるような衝撃は忘れることができない。現在、ＵＮＲＷＡで進めているメンタルヘルスケアでは、保健局以外の他部署とも連係して、ドメスティック・バイオレンスに関するケアにも取り組んでいる。医療的なケアはもちろん、婦人会で上がった声のように問題の根源が社会の置かれている経済状況にあることが少なくない状況であっても、医療機関で受診する患者の問題は医師たちスタッフの問題だからだ。わたしは、患者であるパレスチナ難民たちにとって頼りがいのある、家族の支えになる家庭医チーム制度を作っていきたいと考えている。「病は気から」という言葉がある。ガザは、社会そのものが気を病んでいると言っていい場所だ。そういった地域の患者に対応するためには、メンタルヘルスのケアは必要不可欠なのだ。

ガザでは放射線治療が受けられない

日本で、ある治療法が一般的には誰でも受けられるのに、さまざまな理由によって一部の人たちだけが受けられないとしたら、人権上の大問題になるのは間違いない。しかし、ガザとヨルダン川西岸のパレスチナ暫定自治区では、ガン患者に対して必要な放射線治療をおこなうことができない。イスラエルが放射線治療用の機器の設置を禁じているからだ。

ガザの人々が放射線治療を受けるには、その設備がある東エルサレムかイスラエルの病院に行くしかない。しかし、それも困難だ。イスラエルからガザを出る許可が出ないため だ。WHOの二〇一八年の資料では、ガザから東エルサレムなどに治療で行くための申請のうち、約五割しか許可されなかった。治療が必要な患者の約半数は許可が出なかったことになる。

「患者には良質の治療を受ける権利がある」

この当然過ぎる権利（医療へのアクセス権）は、WHOの憲章でも基本的人権として認められているが、WMA（世界医師会）の「リスボン宣言」（一九八一年）でも「原則」の最初に掲げられるなど世界の医学界では議論の余地すらないものだ。そして、このグローバル・スタンダードから取り残された、地球上での例外がパレスチナなのだ。

UNRWAの仲間たち

イスラム教徒にとって、キリスト教のイースター（復活祭）やクリスマス（降誕祭）に匹敵する祝祭のひとつに、ラマダン明けを祝うイード・アル＝フィトルがある。ラマダンはヒジュラ暦（太陰暦）の九月に当たり、この期間、イスラム教徒は日の出から日没まで断食行をおこなう。そして、断食の期間が明けたことを祝い、三日間続く宴《うたげ》がイード・アル＝フィトルだ。

このときは、わたしのようにイスラム教徒ではない職員も一緒になって、ご馳走《ちそう》を頬張る。中東にいれば、ラマダン中はイスラム教徒でなくても質素な食事が多くなるので、わたしもパレスチナ料理のご馳走をおおいに堪能することになる。そしてイスラム教徒のパレスチナ人スタッフたちのなかには、食事だけでなく着飾って街に繰り出し、ラマダン明けの祝祭をさらに続ける者もいる。

ラマダン初日の日没後の食事も、イスラム教徒にとって重要な意味を持つ。これから断食月が始まるという厳粛な気持ちで、また、断食行を健康に遂行できるようにという願いを込めて、食べ物に感謝しながらみなで食卓を囲む。このときも、パレスチナ人スタッフと一緒にわたしも食事の輪に加わる。

日本の職場のように同僚たちと居酒屋に行き、〝飲みニケーション〟を図るということはないが、こうしてイスラム教の祝祭にわたしのような異教徒の職員も加えてもらうことで親睦が深まっていく。宗教的行事をひとつひとつ通過していくことは、現地の人たちと同じカレンダーで、同じ時間感覚で一年を過ごすことにもなる。ＵＮＲＷＡで働くすべてのスタッフにとって貴重なコミュニケーションの場なのだ。

ＵＮＲＷＡで働く職員のなかでも、ガザのスタッフの仕事の質は特に高い。仕事へのモチベーションが高いからだ。診療所をいつ訪問しても、職員は、いつも自分が新たに始めたことをとても熱心に、前向きに話してくれる。自分の仕事に対して高い誇りと決意を持っている証拠だ。

彼らが高いモチベーションを持つ理由のひとつが、ＵＮＲＷＡの仕事の重要性だ。ガザでは、約一九四万人の総人口のうちの一四四万人を難民が占めている。ＵＮＲＷＡで働くスタッフも九九パーセントが難民だ。自分たちのコミュニティで、自分たちの仲間のために働く。その意識がガザのスタッフには根づいている。

ＵＮＲＷＡはガザの社会において非常に大きな組織だ。高い給与が得られ、雇用体系も整備されていて、安心して仕事ができる。ガザの経済全体が崩壊しているなか、特殊な職場と言っていい。そのため、多くの優秀な人材が集まるのだ。

ＵＮＲＷＡの仲間のなかでも、特に忘れることができないのが、パレスチナ人医師のアリ・カダルさんだ。二〇一七年に定年退職したが、わたしにとって重要なパートナーでもあった。特に、前述した家庭医チーム制度導入に際しての彼の働きは大きく、彼がいなければ、わたしの目指した改革も巧く進めることができなかったかもしれない。

アリ・カダル医師は一九五五年にヨルダン川西岸で生まれ、パレスチナ難民のキャンプで育った。そして、一九六七年の第三次中東戦争で、そこからさらにヨルダンに逃れた。ヨルダンの学校に通う彼の成績は優秀で、医師を志す彼のために一族郎党が資金を出し合い、スペインの大学に留学して医学を学んだのだ。

医師としての知識と技量、そして経験も素晴らしいものを持っているが、わたしが彼を評価する点は、なによりも、つねに難民の側に立つという彼の生きる姿勢だ。合理主義で改革を進めようとするわたしと、ときには意見が対立することもあった。そんなときも、彼は「セイタ、君の考えている改革が必要なことは理解できる。しかし、パレスチナ難民が現状で求めているのは、こっちのほうだ」と言って、理想と現実のギャップを的確に見抜いて指摘してくる。そして、そのギャップを埋めるための具体的な方策を提案してくれるのだ。

改革というのは、それまで慣れ親しんできた方法論を変えることで、当然、現場からは戸惑いや反対の声が上がるものだ。わたしは「なによりも、これが必要」と考えれば、周囲の反対者をなるだけ巻き込みながら突き進むタイプだ。家庭医チーム制度の導入も、現場スタッフとの間で軋轢《あつれき》が生じる可能性は少なくなかった。アリ・カダル医師が、わたしと現場との調整に奔走してくれたおかげで、改革を巧く進めることができたのだ。

ガザのクリスマス

ガザには約一〇〇〇人のキリスト教徒もいるので、クリスマスになれば教会で礼拝がおこなわれる。ガザにいるクリスチャンの大多数は東方教会（正教）の信徒だが、カトリックとバプテスト（プロテスタント）の教会もある。二〇一四年の戦争の際には、この三つの教会にも多くの難民が収容され、キリスト教の超教派組織であるＷＣＣ（世界教会協議会）が戦闘をやめるように求める声明を発表したこともある。一〇年まえのガザには現在の約二倍のクリスチャンがいたが、三度の戦争を経て、その数は減り続けている。

二〇一七年のクリスマスイブに、わたしもガザにあるカトリック教会でイエスの降誕を祝ったことがある。わたしはクリスチャンではないが、たまたまガザでクリスマスを迎えることになり、現地のキリスト教徒たちと一緒に祈ることで連帯感を示したいと思ったのだ。イエスが生まれたベツレヘムはパレスチナの暫定自治区であるヨルダン川西岸に位置し、そこにある降誕教会は世界的に有名だが、わたしが行ったガザの教会も前年に改築されたばかりで大変に美しかった。

しかし、午後七時から始まるクリスマスイブの礼拝に合わせて行ってみると、教会の周囲を警官隊が取り囲み、物々しい警戒体制が敷かれていた。警官隊に混じって、一〇人を超える報道陣の姿も見える。

トランプ大統領の宣言に反発するイスラム過激派組織が、クリスマスイブの礼拝を攻撃する可能性があるということなのか。教会の敷地に入り、礼拝堂のなかに足を踏み入れようとしているわたしの身にも緊張が走った。しかし、礼拝堂の内部は外界と隔絶されたように静寂で厳粛な空気に包まれていた。教会の持つ包容力に心を癒やされる。礼拝が始まっても会衆席には空席が目立っていたが、次第に人で埋まり、最後には二〇〇人ほどの人が祈りを捧《ささ》げていた。

子どもたちの姿もあった。礼拝中に騒いだり走ったりする子どもたちを叱るシスター（修道女）の姿も、厳しくはあっても温かさを感じさせるものだった。

礼拝が終わり、周囲を見渡すと、UNRWAの同僚が家族連れで来ているのを見つけた。彼は、東方教会の信徒のはずだった。そのことを訊《たず》ねると、彼はこう言った。

「ガザのキリスト教徒はみな、団結しています。クリスマスのような大切な日に、あえて他の教派の礼拝に参加して団結を示すのは、めずらしいことではありません」

彼に「メリー・クリスマス」と言って別れると、今度は中学生ぐらいの娘さんをふたり連れた母親に話しかけられた。「どこから来たのか？」と聞かれ、「日本からだ」と答えると、さらに「ガザの状況をどう思うか？」と聞かれた。

「ガザはとても厳しい状況にあるが、今日はこの教会で、とても厳粛で温かい雰囲気のなか、ガザの方々とイエスの降誕を祝えたのは本当に光栄で、特別な気分です」

わたしはそう答え、母親は微笑《ほほえ》みを返してくれた。さらに雑談を続けると、この家族がじつはイスラム教徒だということがわかり、わたしは驚いた。母親は言う。

「この子たちに色々なものを見せたい。色々なことを考えてほしいから」

イスラエルとパレスチナの紛争を宗教的対立と見る人は少なくないが、こういう言葉を聞くと「本当に、そうだろうか？」と思ってしまう。このときに出会ったふたりの娘さんたちとは、その後もフェイスブックを通じて情報交換を続けている。

クリスマスイブの礼拝を司式したのは、ブラジル人の神父だった。アラビア語で説教もしていたので、これも驚きだった。近くにいたパレスチナ人は「アクセントの癖が強かった」と言っていたが、わたしのアラビア語に比べれば、はるかに上手だ。その神父と、英語で少し話をした。

「教会の存在意義は、信徒の方々の精神的な支えとなることです。そのためにミサをおこない、説教をし、ひとりひとりとコミュニケーションを図って告解に寄り添うこともある。しかし、ここでは、それ以上に物質的な支えが必要とされている。信徒の方々はみな、生活が苦しい。定職に就いている人は、ほとんどいません。教会で食料・衣服などの生活物資を配らないといけない。残念ながら、それがこの教会の特徴であり、ガザの現実なのです」

カトリックの信徒とも話をした。若い家族連れだ。「ガザにカトリックの信徒はどれぐらいいますか?」と聞くと、母親が答えてくれた。

「戦争のたびに減って、いまでは五〇人もいないかもしれない」

さらに「あなたもガザを出たいですか?」と聞くと、母親は真剣な表情でこう言った。

「もちろん。わたしたちには小さな娘たちがいます。この子たちの将来を考えなければいけないから」

ガザでは、クリスチャンは明らかに少数派だが、イスラム教徒もクリスチャンも、ガザでは等しく困難に直面しているのだ。

宗教も人種も超えて、ガザの人たちと一緒に祈りを捧げられたことのよろこびを胸に、二〇一七年が暮れていこうとしていた。年が明ければ、UNRWAの財政を根本から揺るがす激震が待っていたのだが、わたしはクリスマス気分を満喫していた。

第四章　米国の大使館移転から「帰還の大行進」へ

和解の成立とエルサレム問題

二〇一七年一〇月、パレスチナ自治政府の主流派政党であるファタハと、二〇〇七年六月からガザを実効支配しているハマスが和解交渉の再開を宣言した。和解交渉の再開はパレスチナ人の団結に向けて希望の灯をともすものと思われた。また、国際社会からテロ組織と見られているハマスが実効支配を続けていることが、ガザに対するイスラエルの姿勢をいっそう強硬なものにしていることを考えれば、イスラエルとの交渉、パレスチナ問題の解決に向けても大きな一歩を踏み出せるかもしれない。

一〇月二日にはパレスチナ自治政府のラミ・ハムダラ首相がガザを訪問したが、ファタハに所属する首相がハマスの支配地域に足を踏み入れること自体、それまでならば考えられなかったことだ。しかし、ガザの住民たちは熱狂的にハムダラ首相を歓迎した。

エジプト政府の仲介によって、両者はカイロで一〇月一〇日から交渉のテーブルに着いた。そして、二日後の一〇月一二日、ついに和解が成立し、一〇年に及ぶ対立・パレスチナ自治政府の分裂にピリオドが打たれたと思われた。

この歴史的和解の直後と言ってもいいタイミングで、わたしはガザを訪れたが、住民たちの瞳は希望に輝いていた。ただし、和解の成果はまだ、ガザの生活に表れてはいない。一日に二〜三時間しか供給されない電力事情は改善されるのか、経済封鎖は緩和されるのか。すべてが、いまだに不透明なままだ。それでも、ガザでもっとも不足していたものが、和解成立によってもたらされたのだ。それは「希望」の二文字だ。

しかし、それから二カ月も経《た》たないうちに、この希望の灯を掻《か》き消そうとするように突風が吹いてきた。一二月六日、ドナルド・トランプ米国大統領が、エルサレムをイスラエルの首都と公式に認めることを宣言したのである。

一九四八年の建国当初、イスラエルは首都機能をテルアビブに置いていた。しかし、第一次中東戦争の休戦協定によって、一九五〇年に西エルサレムに首都機能を移転。さらに、一九六七年の第三次中東戦争で東エルサレムも占領すると、一九八〇年に「統一エルサレムは、イスラエルの不可分・永遠の首都である」とするエルサレム首都法案を議会で成立させていた。

しかし、国連の安全保障理事会はイスラエルのエルサレム首都法を無効だとし、「国連加盟国はエルサレムに外交使節を置いてはならない」とする決議（国連安保理決議四七八）を採択した。これによって、西エルサレムに大使館を置いていた一三カ国が大使館をテルアビブに移転。コスタリカ、エルサルバドルは二〇〇六年まで西エルサレムに大使館を置いていたが、これらも移転している。国連はエルサレムをイスラエルの首都とは認めない立場を貫いているのだ。

では、米国はどうか。じつは二大政党である共和党、民主党は、いずれも綱領でエルサレムをイスラエルの首都と認めている。一九九五年には連邦議会で米国大使館のエルサレム移転を求める法案も可決された。しかし、当時のビル・クリントン大統領は大使館のエルサレム移転が中東和平の実現に悪影響を及ぼすことへの懸念から、施行を延期した。そして、以降の歴代大統領（ジョージ・W・ブッシュ、バラク・オバマ）も法律に定められた条項に従って半年ごとの延期を繰り返してきた。しかし、二〇一七年一月に就任したトランプ大統領は違ったのである。

同年六月には先例にならって施行を延期したものの、半年の延期期間が満了を迎えても再延長の手続きは取らなかった。先例を覆し、エルサレムをイスラエルの首都と認めることを宣言し、テルアビブに置かれていた米国大使館に対してエルサレムへの移転を指示したことを明らかにしたのだ。在イスラエル大使館のエルサレム移転は、トランプ大統領にとって二〇一六年の大統領選の公約でもあった。

これを受けて国連は一二月二一日、トランプ大統領の決定は無効であるとの決議を総会で採択したが、二〇一八年五月に米国の在イスラエル大使館はエルサレムへの移転を完了している。エルサレムにある総領事館を暫定的に大使館に格上げするという移転だった。さらに、この移転を祝う式典には三三カ国の代表が出席した。

〝第二のナクバ〟への恐怖

トランプ大統領の宣言がガザにもたらした失望は大きかった。そもそも、エルサレムをイスラエルの首都と認めることに、どんな問題があるのか。あるいは、なぜ国際社会は、イスラエルの首都はエルサレムではなくテルアビブだという姿勢を崩さないのか。

大きな問題は将来パレスチナ国家が設立された際の首都の問題だ。オスロ合意によってイスラエルはＰＬＯをパレスチナの自治政府として認め、国家としてのパレスチナの存在を認めた形だが、このパレスチナ自治政府が名目上（完全な独立国となったあと）の首都としているのもエルサレムなのである。その問題の根源は、一九九三年のオスロ合意との整合性にある。この合意によってイスラエルはガザとヨルダン川西岸をパレスチナの暫定自治区と認めたが、イスラエルが第三次中東戦争後に占領し、現在も実効支配を続ける東エルサレムは、このヨルダン川西岸に含まれるのである。そしてエルサレムがユダヤ教・イスラム教・キリスト教の聖地であることも重要な点だ。

国連は、この首都の〝ダブルブッキング問題〟についてはイスラエルとパレスチナ、二国間の話し合いに委ねるとしている。

具体的に、トランプ大統領の宣言がガザの住民たちの心理にどのような影響を与えたのか。第一章で紹介した「ガザ・アントレプレナー・チャレンジ」で準優勝した女性起業家・アマルさんとガザで再会したときに、彼女に聞いてみた。

「もともと米国のことは信頼していなかったし、ガザが置かれている状況に対して過度な期待も持っていなかったから。トランプ大統領の宣言も、裏切られたという思いは、それほどない。ただ、はっきりしたわよね。この宣言で、パレスチナとイスラエルが共存するという『二国家解決案』は完全に死んだのよ」

二国家解決案とは「パレスチナ国家を樹立し、イスラエルとの共存共栄を図る」という中東和平交渉の国際的な原則である。国連がパレスチナ、イスラエルの両国がエルサレムを首都としていることに対して「二国間の話し合いに委ねる」としてきた背景にも、この原則が存在する。

もちろん、この解決案を成功へと進めていくまでにはパレスチナ難民がイスラエル建国まで住んでいた土地への帰還権の問題、主にヨルダン川西岸で増え続けているイスラエルの入植地（セトゥルメント）の今後、エルサレムの帰属、国境の画定など多くの問題をひとつずつ解決していくことが必要だ。しかし、まずはパレスチナとイスラエルというふたつの国家が互いの存在を認めること。そして、この互いが当事者同士と認め合う関係のなかで問題の解決に取り組んでいくことを前提とするのが二国家解決案だ。そして、二国家解決案を摸索していたところに再び、米国から、自分たちの生活や国家の存続に重大な影響を及ぼすニュースが飛び込んできたのである。

欧米列強からの再度の政治的介入。それはガザの人たち、特に一九四八年のナクバを知る世代にとっては不吉の前兆とも感じられたに違いない。その恐怖心は伝播し、若い世代にも「第二のナクバが起こるのではないか」という危惧が芽生え、拡大していった。

わたしは、次に起こると予想される展開への対応を考え始めていた。UNRWAは、年間予算の約三割を米国からの拠出金に依存しているのだ。

米国からの支援の打ち切り

そして、危惧していた事態が起きた。年明け早々、二〇一八年一月二日に米国のニッキー・ヘイリー国連大使（当時）が「パレスチナがイスラエルとの二国間の和平交渉の場に戻るまで、UNRWAへの新たな資金拠出は停止する」と発言し、その後、トランプ大統領もツイッターで拠出金の凍結を示唆。一月一六日には正式に、UNRWAへの二〇一八年の拠出金として予定していた一億二五〇〇万ドル（約一三七億五〇〇〇万円）の半額以上に相当する六五〇〇万ドル（約七一億五〇〇〇万円）の支払いを凍結すると米国政府が発表したのである。

これまで、UNRWAが年間予算の約三割を米国からの拠出金に依存してきたことは述べたが、たとえば、二〇一七年はUNRWAの年間予算が一二億五〇〇〇万ドル（約一三七五億円）で、米国からの拠出金は三億六〇〇〇万ドル（約三九六億円）といった具合だ。この二〇一七年予算をベースに考えれば、二〇一八年の米国からの拠出金が六〇〇〇万ドルに留《とど》まれば、UNRWAの予算全体で三億ドル（約三三〇億円）の減額となってしまう。これは医療・教育・社会福祉というUNRWAの三大事業のすべてで見直しが必要となるほどの大幅な予算カットだ。

じつは、トランプ大統領が米国大使館のエルサレム移転を宣言する前の二〇一七年一一月に、UNRWAのクレヘンビュール事務局長は米国を訪れ、政府関係の要人たちに接触して翌年（二〇一八年）の予算確保に向けたロビー活動に奔走していた。UNRWAへの支援を担当する国務省ではUNRWAの活動への評価が高かったという。

しかし、八月になると米国は、UNRWAへの支援の全面打ち切りを発表した。

難民の子孫は「難民」ではないのか？

最初に明言したように、本書の目的は政治的な問題に言及することではない。わたしはひとりの医師であり、ＵＮＲＷＡという国連機関で働く役人のような存在に過ぎない。しかし「難民の子孫は難民ではないのか？」というテーマについては、本書の読者にも少し考えてもらいたい。ＵＮＲＷＡが支援の対象としているパレスチナ難民は約五五〇万人だが、この数字に対して異議を唱える国もあるのだ。

もし、パレスチナ難民の定義を第一世代の約八〇万人に限定すれば、パレスチナ難民の問題、ひいてはイスラエル建国に端を発したパレスチナ問題は、三〇年後には地球に存在していないことになる。イスラエル建国から、二〇一八年で七〇年となる。そこから、さらに三〇年経てば、当時、赤ん坊だったとしても第一世代の難民は、ほぼ全員が亡くなってしまうからだ。

それで、いいのだろうか。世界は、忘れ去ることを解決とするのか。

この問題について、前出のアマルさんに聞いたことがある。彼女はパレスチナ難民の第三世代。祖父は、イスラエル建国まえの英国委任統治領パレスチナ南部の街・ベールシェバから避難してきた難民第一世代だ。彼女は、この祖父からナクバについて聞かされ、育ったという。

「難民と言っても、あなたはガザで生まれ育ち、ずっとガザにいる。知り合いはすべてガザの住民で、ガザ以外の土地は知らない。難民第一世代である、あなたの祖父が住んでいたベールシェバには行ったことがないでしょう？　それでも、あなたは〝ベールシェバから追われた〟難民と言えるのだろうか？」

わたしは、意地悪な質問をしたのだ。しかし、彼女はこう答えた。

「わたしはガザの難民キャンプで生まれ育った。ヌセイラットという難民キャンプよ。そこでＵＮＲＷＡの学校に通い、大学にも行き、いまもキャンプのなかの家にいる。でも、ここを故郷と思ったことはないわ」

わたしは、さらに意地悪な質問を続けた。「なぜ、そう思うのか？」と。彼女は、しばらくの間、黙っていた。そして、瞳に涙を浮かべながら、わたしの顔を正面から見つめて言った。

「あなたは難民の生活を知らない。難民の生活がどういうものか、わかっていない。ナクバからすでに七〇年が経ったけれど、それでも難民キャンプは難民キャンプなのよ。わたしが住む街のゲートには、いまでも『難民キャンプ』と書かれているわ。そして、家のなかでは家族がいまもベールシェバの話をしている。いまの家は、紛れもなく仮の住まいで、避難場所なのよ」

そうだ。難民がどのような存在であるか、それを知るのは難民自身だけだ。わたしは、自分が意地悪な質問を続けたことを恥じずにはいられなかった。彼女の涙を見たのも、わたしに向けた厳しい言葉を聞くのも、はじめてのことだった。

実際のところ、難民の子孫が難民になるのはパレスチナ難民に限ったことではないのだ。アフガニスタン・スーダン・ソマリアやコンゴでも同じような状況が起こっている。彼らの難民問題が解決されず、難民の生活が何十年と続き、そのためUNHCRは難民の子どもや孫の世代まで、難民と認定しその保護をしている。

家族が一緒にいる、ということは人道支援の原則上、そして国際法上、非常に大事なことであり、そのために、難民問題が政治的に解決するまでは家族全体を難民として認定する、という判断である。もちろん、難民の子孫が難民にならないように問題を解決するのがもっとも大事なことであるが、悲しい現実ではある。

医薬品が買えない

ＵＮＲＷＡの診療所で使うものにかぎらず、医薬品というのは購入する際の数量によって単価が大幅に違ってくる。二〇一八年一月に米国からの拠出金六五〇〇万ドルが凍結されると、ＵＮＲＷＡの財務担当は保健局に対して「とりあえず三カ月分、医薬品を買え」と言ってきたが、そのとおりにしたのでは、ただでさえ大幅に予算がカットされた状況で、より高額な単価で医薬品を購入することになる。当然、年度を通じての活動で考えれば非効率的で、急場しのぎで高利貸しからカネを借りるような状況に陥りかねない。

そこで、保健局としては予算の今後のやり繰りを計算して、数字的な裏づけとともに財務部門を説得し、なんとか、まず一二カ月分の医薬品を購入できるようにした。通常なら年間の医薬品は一五カ月かそれ以上の分量を買う。三カ月程度の予備を用意しておくためだ。国際入札の場合、出荷や通関の遅れが生じる可能性があるからである。しかし、今回は一二カ月分しか購入できず、まったく予備がない。各診療所で医薬品が不足する恐れがあった。

さらに、財務部門は「まず、七カ月分を購入し、次に残りの五カ月分を購入したい」と言う。一二カ月分をまとめて買う現金がないためだが、各診療所からはこの対応に非難が殺到した。

UNRWAは国連の機関なのだから、掛け売り（ツケ）で医薬品を購入できないのか。そう思う人もいるだろう。しかし、そうした場合も製薬会社が単価を上げてくる可能性が高い。そもそも約五五〇万人というパレスチナ難民の人口は、国際的な製薬会社から見れば決して大口の取り引き相手ではない。UNRWAが国連の機関だとしても、彼らにしてみれば、ギリギリまで単価を下げてまで取り引きするメリットはないのだ。

ちなみに、現在の世界の医薬品マーケットでは、インド製のジェネリック医薬品がコスト・パフォーマンスの点で高い評価を得ている。日本のマーケットにはインド製の医薬品がほとんど入ってきていないが、米国の医療機関で使われているジェネリック医薬品の半分程度がインド製である。そして、インドの製薬会社は、国内マーケットだけを見ても一三億人を相手に商売しているのだ。二〇一七年にもUNRWAは、彼らに「購入量が少な過ぎる」との理由で売買契約を断られたことがある。

あるいは、同じ国連機関でも、より潤沢な予算を持つUNICEFから医薬品を都合してもらうことはできないのか。そう考える人もいるだろう。しかし、ＵＮＩＣＥＦはその名が示すとおり、子どもの救済に特化した活動をしている。たしかに大量の医薬品を毎年購入しているが、それらも基本的には子どもの病気を治療するためのものだ。ＵＮＲＷＡが必要とする糖尿病や高血圧といった生活習慣病の治療薬をＵＮＩＣＥＦは持っていない。

米国が拠出金の半分以上を凍結すると発表した直後には、ＵＮＲＷＡの現地採用スタッフへの給与の遅配という事態も発生した。二〇一八年一月に必要だったキャッシュが不足していたのだ。幸い、このときは数日の間に解決することができたが、もはやじっと座っているのが許されない状況であるのは明らかだった。

米国はＵＮＲＷＡにとって最大の支援国だが、日本を含めて、ＥＵ諸国など、ほかにもＵＮＲＷＡを支援してくれる国はあるはずだ。二〇一八年六月、わたしはスケジュールをやり繰りして日本に一時帰国したが、単なる里帰りではなかった。ＵＮＲＷＡの保健局長としての金策と、そのためのＰＲ活動が主な目的だ。そして、クレヘンビュール事務局長は、まさに世界中を分刻みで飛び廻りながら、各国に支援を呼びかけていた。

綱渡りの資金集め

米国がＵＮＲＷＡへの拠出金の一部凍結を発表し、その影響で現地採用スタッフへの給与の遅配という事態が起きたとき、クレヘンビュール事務局長は言った。

「もし今後、同じような事態が起こったら、そのときは現地採用スタッフへの給与と同様、われわれ国連から派遣されている職員の給与も止める」

保健局長であるわたしや、事務局長の給与は国連から直接支払われるため、ＵＮＲＷＡの予算から支払う現地採用スタッフの給与とはそもそも出どころの財布が異なる。つまり、本来ならば、米国による拠出金の凍結でＵＮＲＷＡの予算が不足しても国連職員の給与に影響が及ぶことはない。しかし、事務局長自らが、それを潔しとしないことを明言したのだ。これは、米国や国際社会がＵＮＲＷＡの活動に理解を示し、それに見合った資金援助をしないのなら、そのときはＵＮＲＷＡの看板を下ろすことも辞さないという決意の表明だ。ある意味、不退転の覚悟で脅しをかけたと言ってもいいだろう。

かつて、ＵＮＨＣＲのトップとして一九九〇年代初頭の旧ユーゴスラビア紛争で発生した難民問題に対処していた緒方貞子さんも、当時のボスニア・ヘルツェゴビナ政府に対して強烈な脅しをかけたことがある。

旧ユーゴスラビア連邦は多民族・多言語・多宗教の国家で、建国の父であるヨシップ・ブロズ・チトー大統領が没し、東西冷戦構造が崩壊すると各地で分裂・独立の気運が高まって民族間の紛争が多発するようになった。また、多くの難民も発生したが、国連は加盟国間で意見や方針がまとまらず、打開策を見出《みいだ》せずにいた。

そんななかＵＮＨＣＲだけが難民たちの救済に奮闘していたが、ボスニア・ヘルツェゴビナ政府がＵＮＨＣＲの救済をボイコットするという事態が起きたのだ。彼らの狙いは首都・サラエボにいるイスラム系住民を犠牲にすること、そして自分たちの立場を国際社会にアピールすることだった。

このとき、緒方さんは「それならば、ＵＮＨＣＲは今後一切の救援活動から手を引く」と断固たる態度を示した。自分たちの救援を待っているサラエボのイスラム系住民を守るための賭け、あるいは渾身《こんしん》の脅しだ。そして、彼女はこの賭けに勝った。ボスニア・ヘルツェゴビナ政府は数日でボイコットを停止したのだ。

ＵＮＲＷＡが直面しているのは国際政治の問題だけでなく、まず目のまえにあるのは「パレスチナ難民の救援活動のために必要な資金を、どうやって集めるか」という課題だった。

二〇一八年三月一五日には、イタリア・ローマで寄付金を集めるための行動として支援国会合を開催した。こういった国際社会への呼びかけを通じて、サウジアラビア・カタール・ＵＡＥ（アラブ首長国連邦）から五〇〇〇万ドルずつ、日本からも一〇〇〇万ドルの援助を新たにいただくことになり、合計としては二〇一八年の前半までに二億ドル（約二二〇億円）の援助金を調達することができた。大きな成果と言っていいし、国際社会の協力に感謝したい。しかし、米国からの拠出金の凍結に加えて前年からの繰り越し赤字を含めると、まだ二億ドル以上不足している計算になる。

わたしも、二〇一八年六月に一時帰国すると、各方面の関係者と面談を重ね、ＵＮＲＷＡの活動意義と直面している財政問題を訴え続けた。六月六日に日本記者クラブで会見を開いたのも、パレスチナ難民の現状を少しでも日本で知ってもらうことが目的だった。また、前述した「ガザ・アントレプレナー・チャレンジ」のようなビジネスシーンからの投資というアプローチも視野に入れ、財界の方々にも会って貴重なアドバイスをもらうことができた。

ただし、何度も言うが、ＵＮＲＷＡの財政は非常に危うい綱渡りを続けているのが現状だ。しかし、思う。ＵＮＲＷＡの七〇年の歴史には四次にわたる中東戦争もあり、そこにはエジプトなど他のアラブ諸国も参戦し、わたしが知っているこの一〇年間の三度の戦争よりも大規模な戦闘、深い失望もあったはずだ。それでも、このＵＮＲＷＡの活動を守り続けた先輩たちがいたのだ。前章で紹介したアリ・カダル医師もそのひとりだろう。もし、ここで挫《くじ》けてしまったら、パレスチナ難民のために働き続けた先輩たちに申し訳が立たない。

わたしは、日本から戻ると、ヨルダンにあるＵＮＲＷＡオフィス内の資料庫へ向かった。ＵＮＲＷＡでは毎年「年次報告書」を発行しているが、探しても一九六七年のものは見つからなかった。第三次中東戦争が起きた年だ。冊子を作成する余裕などなかったのかもしれない。あるいは、ＵＮＲＷＡの活動そのものも、報告を必要とするほどのことをおこなえない状況だったのかもしれない。しかし、翌一九六八年の年次報告書は、非常に薄い冊子だったが、しっかりと発行され、残っていた。先輩たちは戦火にさらされながらもパレスチナ難民救済の灯火を絶やすことなく守ってきたのだ。

米国の拠出金凍結を「UNRWAにとってのナクバだ」などと言ってはいけない。本当のナクバを体験した人たちは、自分の住む土地を追われ、どこに行くというあてもないまま難民となったのだから。

国境のフェンスに向かう人々

クレヘンビュール事務局長が金策に奔走していた頃、ガザはどうなっていたのか。わたしは二〇一八年五月一七日から二一日までの五日間、ガザを緊急視察していた。

まず「第二のナクバが起こる」という恐怖心から、ガザを脱出しようという人が驚くべき数にまで増えていることが明らかだった。ガザからラファ（エジプト国境の検問所）を通って出国する場合、許可が必要となるが、この時点ですでに出国を申請し、許可が出るのを待っている人が約三万人いるとガザの住民が言う。ガザの総人口は約一九四万人である。一・五パーセント以上の人が「もはや、この土地には住めない」と考えていることになる。

この状況を、保健医療の専門家である旧知の欧米人に聞いた。彼は、二〇一七年までガザに住んでいた。

「ガザの社会は、いま、崩壊（disintegrate）しようとしている。もともと結束力が強く、お互いを支え合ってガザの人は生きてきた。そういった関係、文化の基盤すらも崩壊しようとしているのだ。いまではガザの人はみな、自分のことで精一杯だ。他人のことを考える余裕など、どんどんなくなっている。もし、ラファが開き、人々が本当に自由に移動できるようになれば、大量の人がガザを出るかもしれない。ナクバという言葉が適切かどうかはわからないが、大規模の避難民が出る可能性があると思う」

実際に自分の目でガザの街を見て、彼の意見も納得できたし、約三万人もの住民がガザを逃れようとしているという情報も信憑《しんぴょう》性が高いことが理解できた。二〇一四年の戦争のときよりも悲惨な状況である。

三月三〇日から、ガザでは毎週金曜日（イスラム教の安息日）に「帰還の大行進（Great March of Return ＝グレートマーチ）」と呼ばれるデモがおこなわれるようになっていた。ガザの人口の約七割に当たる一四四万人の人々は、パレスチナ難民でもともと自分たちが住んでいた土地を追われてガザにやってきた第一世代およびその子孫たちだ。彼らが「自分たちの土地に帰る」という帰還権を示威する大行進である。

このグレートマーチの参加者に多くの死傷者が出ている。デモはガザとイスラエルを隔てる約四〇キロメートルに及ぶ境界線のフェンスに沿って複数箇所でおこなわれるが、若い男性の参加者に混じって女性や家族連れもいる。しかし、そのデモ隊に向かってイスラエル軍が催涙弾や焼夷弾《しょういだん》を発砲した結果、わたしのガザ滞在中（五月一八日）におこなわれたデモを含め、その時点でグレートマーチによる死者は約一二〇人、負傷者の数は一万三〇〇〇人を超えていた。

イスラエルにとって国防は最重要課題だ。そのため、国境線のフェンスに近づいてくるパレスチナ人に対して発砲を含む反応を示すことはガザに住むパレスチナ難民ならば知らぬはずのないことだ。なのに、デモ隊はフェンスに近づき、発砲による負傷を負ったのだ。あまりにも、痛ましい。

また、イスラエルの建国記念日であり、米国大使館のエルサレム移転の記念式典がおこなわれた五月一四日には五五人が死亡、二七〇〇人の負傷者が出ている。一時にこれだけの負傷者が出れば、たとえば東京のような大都市で医療機関をフル稼働させたとしても、対応は非常に困難だ。しかも、そこは人口約一九四万人のガザである。わたしと同時期にガザを訪問中だった英国の医師団は、グレートマーチによる負傷者への対応について「世界で最高の設備を整えた病院でも、まったく対応不能だ」と断言した。

三月三〇日からの累計で負傷者一万三〇〇〇人という数字は、五〇日間にわたり砲撃・空爆もともなった二〇一四年の戦争（負傷者一万一〇〇〇人）に匹敵するものだ。もちろん、命の重さを数字で表現することは基本的に不可能だ。問題は、ガザでのデモにおける負傷者に、銃撃による傷が多い点だろう。

一万三〇〇〇人の負傷者のうち、約三五〇〇人が銃撃による傷を負っていた。しかも、それらの銃創の多くは負傷者の下肢、すなわち脚に集中していた。ガザとの境界線を守るイスラエル軍の兵士が、フェンス際に集まったパレスチナ人に対して脚部への発砲をおこなったということになる。

たしかに、下肢の銃創は致命傷になる確率は低い。しかし、撃たれたのが脚であっても血管・神経、そして骨が破壊されれば重大な後遺症が残るのは言うまでもない。わたしは救急医療・銃創治療の専門家ではないが、ガザの病院で生々しい傷を見た。銃弾で撃ち貫かれた傷は、戦後の平和な日本ではまず見ることのない、凄《すさ》まじい人体の損傷である。医師であれば、その凄まじい傷を処置するのにどれだけの労力を要するかはわかる。ガザではそのキャパシティを負傷者の数が超えてしまったのだ。

この五月のデモのことを日本のメディアはほとんど伝えなかったと思う。しかし、病院という現場に立ち医師という視点で見れば、このときガザでは戦争としか言いようのない事態、あるいは、それ以上の危機が発生していたのである。

シーファ病院で見たもの

グレートマーチで多数の負傷者が出た直後の五月一八日、わたしはガザにあるシーファ病院を訪れた。病床数七〇〇を超えるガザ最大の総合病院で、これまでにも多くの戦争で負傷者に救急医療を施してきた実績がある。救急対応では、ガザでも非常に評価の高い病院だ。

しかし、このシーファ病院で医療体制が崩壊の危機に瀕《ひん》しているのを目撃した。

同病院の救急医療部のベッドは、通常一二床前後だが、緊急時には移動ベッド（ストレッチャー）を動員して三〇床近くまで増床することが可能になっている。当然、このときも増床をして準備していたが、治療を必要とする患者の数が桁違いだったのだ。

米国がエルサレムに大使館を移転した五月一四日は午後二時から六時までの間に五〇〇人を超える負傷者が担ぎ込まれてきた。救急医療部の対応の限界＝三〇床に対して二〇倍近い患者が四時間あまりの間に殺到したのだ。しかも、そのなかには前述したような銃創を負った患者も多い。明らかに、これだけの数の患者は当該施設のキャパシティを超えるものだった。

シーファ病院は、持てる能力・機能のすべてを救急医療に投入した。院内のすべてのベッドを使い、非番の医師を呼び出し、定年退職した医師にも招集をかけた。病院の正面玄関まえに非常用のテントを張り、そこでトリアージ（手当の緊急度に応じた優先順位づけ）をおこなった。この時点で、すでに平時における病院の対応ではない。

この頃、WHOやパレスチナ自治政府はイスラエルとの境界近くに、テントを設置し始めていた。つまり、大量の負傷者が発生し続けている現場の近くでは命に影響のない、あるいは応急処置で済む負傷を処置するというものだ。シーファ病院のような〝後方〟の負担を軽減しようとするためのもので、医療の世界では〝Trauma Stabilization Point〟と呼ばれるものだ。

わたしがシーファ病院を訪れたのは五月一八日のことで、大量の負傷者が発生したイスラエルの建国記念日から四日が経っていたが「まだ、手術の順番がまわってこない」という患者がいた。同じような患者は、彼だけではない。そういった〝手術待ち患者〟の病棟を、わたしは見ておきたかったが結局、見送ることにした。病院側が懸命の対応を続けても、なお手術室も医師も足りず、待たされている患者や家族は殺気だっている。担当の医師たちも身の危険を感じながらの対応で、病院側は秩序を守るために仕方なく、警察を病院内に入れていたのだ。

医療体制の完全崩壊

シーファ病院に勤務する医師はみな、非常に疲れていた。「いつ寝たのか？」と聞くと、「覚えていない。疲れた……」と力なく笑って答えてくれた。質問したこと自体を申し訳なく感じた。

緊急に設置した集中治療室も見せてもらった。本来は通常の病室だが、集中治療室が患者で一杯のためだ。病室には重傷の患者が六人いた。みな、銃で撃たれており、半分以上の患者には人工呼吸器がつながれていて、意識はない。そのうちのひとりは一五歳。頭部を撃たれ、脳死状態だった。そのほかの患者もみな、若い男性だった。

そこで会った医師が、しみじみと言った。

「五月一四日は多くの患者が運ばれ、懸命の治療を続けた。しかし、そのうち点滴が枯渇し、抗生剤もなくなった。骨折用の外部固定具も底をついた」

「本来ならば、治療がきちんとできれば救える命が、救えなかった。目のまえで救えるはずの患者が亡くなっていった。それが本当に悔しかった」

それを聞いて、言葉が出なかった。血管外科の専門医の話も聞いた。

「当日は運ばれてきた患者を次から次へと手術した。命を救いたかった。負傷した手足を切断から守りたかった。ただ、どんなに手術をしても手術を待つ患者の数は減らず、増えていった。彼らの叫び声、呻《うめ》き声が手術室でも聞こえた。このままでは死ぬから助けてくれ、と叫んでいた患者もいた。実際に手術を待っている間に、亡くなった患者もいた。無力感を抱いたが、とにかく手術を続けるしかなかった」

わたしには、医師たちの言葉もまた呻き声に聞こえた。現場の医療体制は、完全に崩壊していたのだ。

ガザにおける医療サービス全体が、二〇一四年の戦争後から悪化を続けていたことも影響している。医薬品、医療機器の不足が慢性化していたのだ。WHOの発表によれば、二〇一八年三月の時点で、ガザのパレスチナ自治政府・保健省系の医療機関では必要な医薬品の約半分が不足していたのだ。問題は、その現実があるいっぽうで、国際社会が有効な対策をなにも講じなかったことにあると言っていい。

一三歳の少女が被弾した

グレートマーチの参加者たちに大量の負傷者が発生した事態は、UNRWAがガザで運営する二二の診療所にも大きな影響を与えた。二二カ所を合計すれば年間で約四〇〇万人の外来患者に対応できる能力があり、医療の質も高いが、あくまでも診療所である。通常ならば手術を要するような重傷患者は、より設備の整った病院にまわすことになる。その場合、ＵＮＲＷＡからの紹介で大きな病院で治療を受けることになった患者の治療費は、一部をパレスチナ自治政府が補助することになっている。

銃で撃たれた傷も、当然、重傷扱いだ。銃創の治療は、手術を要する場合も多く、リハビリも含めて高度な医療を必要とする。しかし、わたしがハンユニスにあるＵＮＲＷＡの診療所を訪れたとき、そのような「通常のやり方」がまったく通用しない状況であることがわかった。

グレートマーチに参加した負傷者が病院での手術のあと、診療所に来院していた。それも、単に包帯の交換といった簡単な治療のためだけではない。手術をおこなった病院としては、そのあとも患者を入院させて治療を続けたいのだが、グレートマーチは毎週金曜日におこなわれている。一週間後には、また大量の負傷者が担ぎ込まれてくる。そのときの対応を想定して、本来はまだ入院が必要な患者もやむなく退院させているのだ。前述のシーファ病院を訪れたのもグレートマーチがおこなわれる金曜日の前日、木曜日であり、松《まつ》葉《ば》杖《づえ》をついて退院していく痛々しい患者を目撃した。

このように、やむを得ぬ状況で病院を退院させられた患者がUNRWAが運営する診療所にやってくる。ハンユニスの診療所だけでも、そういった患者が一日に一〇人以上来院していた。一〇人という数字は、毎日数百人が来院するこの診療所の規模を考えれば、新たな患者が増えたとしてもそれほど大きな負担にはならないのではないかと、最初は思った。しかし、それは完全に誤った考えであると、すぐに気づかされた。

診療所にはドレッシングルーム（Dressing room）と呼ばれる小さな処置室がある。普段は検診の手続きや、喘息《ぜんそく》の吸引治療などに使う部屋で、業務は看護師がひとりでこなす。通常、ここに重傷患者を入れることは非常に稀《まれ》である。ところが、そこで銃撃で傷を負った患者の治療がおこなわれていたのだ。

わたしが治療に立ち会ったのは、松葉杖をついて診療所を訪れた二六歳の男性患者。右の足首を撃たれていて、病院で治療を受けていたが、傷の消毒と包帯交換にやってきた。撃たれた右足首は非常に腫れていて、弾丸の射出口がまだ痛々しい。レントゲン写真はなかったが、骨が破壊されているように見えた。彼が将来、普通に歩けるようになるのかは、わからない。それほどの重傷だ。

「傷がとても痛い。診療所が出してくれる通常の鎮痛剤では効かない」

男性患者が苦痛に顔を歪《ゆが》めながら言う。わたしは「もっと強い鎮痛剤が必要だろうか」と処置室を案内してくれた責任者と相談する。そうしているうちにも数人、同じように銃弾で受けた傷を持つ患者がやってくる。若い男性の患者が続いたが、何人目かに一三歳の少女が訪れ、彼女も右足のふくらはぎ近くを撃たれていた。彼女は病院で撮影したレントゲン写真を持っていたので、それを確認する。骨に損傷はないが、銃弾の破片がふたつ残っていて、やはり松葉杖なしでは歩けない状態だ。

この少女は、グレートマーチには参加していないと言う。ただ、自宅が大行進がおこなわれる国境近くにあって、当日は家にいたが、玄関を出たところで撃たれたのだ。流れ弾に当たったのか……。

「まだ痛い？」

少女に聞くと、静かに頷いた。傍らでは付き添ってきた父親が心配そうな表情を浮かべている。本来ならば手術をして銃弾の破片を摘出しなければならないが、この診療所では手術はできない。彼女も普通に歩いたり、元気に走り回れるように回復するだろうか。傷口を消毒し、包帯を交換すると、あとは祈ることしかできなかった。

次の患者は腹部を撃たれ、開腹手術を受けて人工肛門をつけていた。二六歳の男性だ。自力では歩けず、父親と兄に両方から支えられて、診療所に入ってきた。非常に痩せ細っており、力がない。痛々しい。傷の処置をするためベッドを移動するたびに、涙を流しながら呻き声を上げている。腹部の手術跡を確認すると縫合部は治っているのだが、本人は「痛くて食事が喉を通らない」と訴える。付き添いの兄も「弟はどんどん痩せてきている」と心配そうに話す。明らかに、順調な回復ではない。だが、この診療所では対応できないのだ。

診療所の担当医が「再入院が必要だ」と家族に伝えた。わたしも同感だ。手術をおこなった病院に緊急電話で患者の状態を伝えると、病院側もすぐに再入院させると同意してくれた。ひと安心、と思われたのだが、患者と家族は再入院を拒絶したのだ。

「病院には、行きたくない」

いったい、なぜだ？

泣き崩れる父親

理由を聞くと、父親が答えた。

「入院に必要なカネがない。すでに息子の手術代で二〇〇〇ドルを使い、あちこちに借金もしている状態だ」

経済的な理由で必要な治療が受けられないということだ。手術を受けたのは、パレスチナ自治政府の保健省が運営する公立病院だ。ガザにも公的医療保険があり、公立病院では通常、初診料以外の医療費はかからない（私立病院では全額自己負担）。医薬品もわずかな支払いで手に入る。

ただ、この患者の場合は非常に重篤で複雑な状態だったため、通常の検査や治療に加えて専門的な検査も必要で、医薬品も特別なものが処方されていた。こういった場合には全額を自費で支払うことになる。日本の場合に置き換えて言えば保険適用外のケースだったのだ。また、ガザでは長年の経済封鎖の影響で公立病院でも薬剤が枯渇していたり検査機器が故障していることから、保険適用の範囲が狭められる傾向が続いている。

「息子を病院に行かせるカネは、もう、ないんだ……」

父親は、絞り出すようにそう言って、あとは泣き崩れてしまった。ほかの家族も全員、うなだれている。わたしも、返す言葉がなかった。

毎週金曜日のグレートマーチが終わると、ガザは平静を取り戻す。国境沿いの地域も、市街も。しかし、それは平和ではない。単に傷ついた人々が息をひそめているだけで、本当の意味で平静を取り戻したわけではないのだ。グレートマーチによって大量に発生する重傷患者たちの治療を見ながら、このとき、わたしは「グレートマーチが終わっても、なにも終わってはいない」という現実を思い知らされていた。終わりではない、新たな苦痛の始まりに過ぎないのだ。

治療費が払えないという患者は、その後、診療所のスタッフがあちこちの病院に連絡を取り、最終的にヨルダン政府がガザで運営している病院が受け入れてくれることになった。入院・治療費とも全額無料だ。これが、わたしたちにできる精一杯のサポートだ。

この日は、一〇人以上の負傷者が治療に来た。診た患者の少なくとも三分の一はＵＮＲＷＡの診療所で対処できる患者ではなかった。腹部手術をした患者や、銃弾で腹部の皮膚がえぐられ、まだ傷口が開いたままの患者もいた。

病院はもっと重傷で、手術・再手術が必要な患者の対応に追われている。病院が持つ本来のキャパシティの数倍、あるいは数十倍の患者がそこにはいるのだ。そして、次の大行進がおこなわれれば、また新たな患者たちが運ばれてくる。病院も診療所も、ガザの医療機関はどこも、能力の限界を超えたところで先の見えない消耗戦を続けていた。

しかし、こういうときにこそ、各自が担っている役割を忠実に果たし続けることが必要になる。他の医療機関に助力する余裕は、こちらにもない。それは、向こうにとっても同じことだ。だからこそ、それぞれが退かず自分の場所に踏みとどまって闘い続けるしかない。そのことが、他の医療機関の負担を少しでも減らすことにもつながっていくはずだ。UNRWAの診療所も、ガザの医療において自分たちに与えられている役割を、ひとつひとつ果たしていくしかない。

UNRWAの診療所では治療も医薬品の処方も無料だ。毎日の交換が必要な包帯も無料で提供される。また、歴史も古いことから住民たちの信頼も厚い。ガザの公立医療機関では医薬品の枯渇が続いており、私立医療機関での治療費は患者の自己負担だ。経済が崩壊しているガザでは、貧困が蔓延《まんえん》していて、先ほどの家族のように治療費が払えない患者も多い。そういった状況で、UNRWAの診療所が果たす役割は非常に大きいのだ。

現場のスタッフたちと話し合い、処置室の拡張・改善が早急に必要であることを確認した。処置をおこなうスタッフも、通常の看護師ひとり体制ではとても対応不可能だ。最低でも、もうひとりは必要だ。また、処置室を負傷者用とそれ以外の患者にわけ、患者のプライバシーを保護する配慮も重要だ。そして、院内感染への対策も欠かせない。いま、やるべきことを、ひとつひとつ確認していった。

問題は、こうして決定していく対策を実行するための資金、特に処置室の拡張工事の費用をどのように工面するかだ。毎週金曜日に大量の負傷者が発生しているのだ。なんとか、やり繰りして捻出するしかない。

暗い表情に秘められたもの

負傷者たちのリハビリについても考えなければいけない。ハンユニスでUNRWAが運営している診療所にはリハビリのための理学療法室があり、三人の理学療法士が働いている。通常は、病気・ケガによる障害の理学療法をおこなっているが、わたしが訪れた時点では、グレートマーチに参加して銃撃による障害を負った三人の患者が通ってきているとのことだった。

そのうちのひとりに会うことができた。右足を撃たれていたが幸い傷は重くなく、骨にも損傷はないが膝が痛くて曲がらず、それで理学療法室に通ってきていた。

担当の理学療法士から話を聞くと、他のふたりの患者も、同じように比較的軽傷だそうだ。少しホッとする。しかし、理学療法が必要な患者が今後さらに増え続ける状況は、悲しいけれども想定しておかねばならない。特に重傷で、四肢を切断する手術を受けたような患者は、まだ、その病院で入院中のはずなのだ。そして状態が安定すれば退院し、リハビリを要する多くの患者は費用のかからないＵＮＲＷＡの施設にやってくるはずだからだ。それは「想定すべき」というより、「覚悟すべき」状況だ。

ＵＮＲＷＡがガザで運営する二二の診療所のうち、一一カ所に理学療法室がある。その歴史は古く、一九八七年の「第一次インティファーダ」を契機として始まった。三〇年以上の経験があり、ガザの公立医療機関より設備も充実していると思う。しかし、ここでも、毎週金曜日に大量の負傷者が発生することで対応の強化が求められていた。

現状でもキャパシティの限界ギリギリで、実際に理学療法室でのリハビリ予約はすでにほぼ埋まってしまっている。今後、さらにリハビリを必要とする人が増え続ければ、厳しい局面に遭遇するのは明らかだ。しかし担当の理学療法士は、今後もデモに参加した負傷者のケアをしていきたいと言う。UNRWAの現地採用スタッフたちの使命感は、わたし自身も見ていて「なぜ、そこまで?」と思うほど強い。

それは、すでに述べたようにスタッフたち自身も患者たちと同じパレスチナ難民だという自覚があるからにほかならないが、医療現場で働くスタッフもグレートマーチで自分たちの権利を主張する人々と同様、自分の役目を果たすことで社会に積極的に参加しようという意識があるからだろう。

その日は、診察時間が終わり最後の患者が帰るまで、ハンユニスの診療所で過ごした。処置室、理学療法室を視察し、多くのスタッフと情報・意見の交換をして、グレートマーチに参加して負傷した患者たちの話も聞くことができた。有意義な一日だったと言うべきだろう。しかし、同時にわたしは、あることに気づいていた。負傷した患者たちの表情がとても暗いということだ。なかには処置を受けている間、涙を流し続けていた若い男性の患者もいた。彼もグレートマーチに参加して、イスラエル兵に撃たれて負傷した患者だったが、われわれが話しかけても無言のままだった。

もちろん、満面の笑顔で医療機関を訪れる患者などいないことはわかっている。人間は誰でも、傷ついたり病んだりすれば、普段の明るい笑顔を失うものだ。それは平和で豊かな国であっても同じだったが、同じ暗い表情でも、その「暗さ」の質が違うのだ。その質の違いがどこから来るものなのかを、わたしはすでに知ってしまっていた。平和で豊かな国の患者の暗さは「現在」に対する失望だ。それに対してガザでグレートマーチに参加して負傷した患者たちの表情にあるのは、自分自身の「未来」に向けられた絶望なのだ。

ガザの非常に高い失業率は、大きな要因だろう。そして、その状況が変わる兆しすら、いまだに見出せないことからの、未来に対する不信感だ。しかも、重傷を負ったという事実は、治療費の支払いなども含めて、さらに未来を圧迫する。わたしは、メンタルヘルスのケアを強化する必要性を改めて感じていた。傷害直後のPTSDのサポートも大切だが、心理的ケアも含めた、うつ症状などへのサポートが必要なことを現場の状況がわたしに教えてくれたのだ。

幸いなことに、前章で述べたとおり、UNRWAが運営する診療所ではメンタルヘルスのケア・サポートが始まっている。この日の現場スタッフとのミーティングでは、その取り組みに今後、グレートマーチに参加して負傷した患者も含めて対応していこうということで意見が一致した。まだ、具体的になにができるかは、わからない。ただ、やらなければいけないし、その目標は患者の表情から絶望感を追い出すことだという点でも意見は一致した。

そして、なぜこのように大量の、しかも重傷の負傷者が発生したのか。なぜ、参加者たちは発砲される危険を承知の上で国境のフェンスに近づいていったのか、それをきちんと分析することも必要だ。というより、対象者たちの行動心理を理解することはメンタルヘルスの第一歩となるべきもののはずだ。

グレートマーチ

繰り返すが、ガザとイスラエルを隔てる境界線のフェンスに近づけば、そこを守備するイスラエル兵に狙撃される危険がある。そのことは、もう何年もまえからガザの住民ならば常識として頭に入っていたはずだ。しかし、二〇一八年三月からのグレートマーチは、あえてフェンス近くの数カ所で展開され、その結果、多くの負傷者が出ることとなった。

わたしたちUNRWAは、パレスチナ難民の命を守るという点と中立性を守るという点でこのグレートマーチには参加しないことを当初から推奨してきた。ただ、メンタルヘルスケアを進めるために、二〇一八年五月のガザ滞在中、グレートマーチに参加した人たちの話を聞いた。参加者の多くは二〇代の若い男性だ。少数だが女性もいた。なぜ、参加したのか、そして、なぜイスラエルとの国境のフェンスを目指したのかを聞いた。

これは日本のように平和な国、あるいは民族として自立する権利が当たり前のように保障されている国や地域の住民には理解が難しい。逆に言えば、そこを理解しないかぎり、ガザの住民たちの本当の声は聞こえてこないだろう。

前出のアマルさんは、「自分はグレートマーチには参加しない。理由は死にたくないから」と前置きして、こう言った。

「五月一四日に多くの人が亡くなったけど、本当に意味のない死だったと思う（They died for nothing.）。もし、人間の死に『精神的な死』と『肉体的な死』のふたつがあるとすれば、ガザの若者の多くは、すでに精神的に死んでいるわ。将来が見えず、それを変えられる方策もないから。その意味では、フェンスを目指して撃たれて死ぬことも、大した問題ではないかもしれない。すでに精神的に死んでいるのだから、そこに肉体の死が加わるだけよ……」

次章で述べるが、彼女は「ガザ・アントレプレナー・チャレンジ」で準優勝したあと、日本にも行き、彼女の起業は進んでいる。その意味では〝精神的な死者〟ではない。だからこそ、彼女は銃で撃たれて死ぬことを恐れ、グレートマーチに参加しないのだとも言えるだろう。しかし、彼女が言った「ガザの若者の多く」は、彼女のように希望を持ってはいない。ガザでは若者の失業率が六〇パーセントを超えていることは、世界銀行も指摘しているとおりだ。そして、ハマスとファタハの和解も、合意宣言はあったものの、そのあとは具体的な進展をまったく見せていない。そこに、米国の大使館移転が加わったのである。絶望という言葉でも足りないぐらいの無力感を味わっていても当然のことだろう。

それでも、フェンスに近づけばイスラエル兵に撃たれる可能性が高いことをわかっていながらグレートマーチに参加して、毎週金曜日に大量の負傷者が発生し続ける状況は、わたしには容易には理解できないことだ。銃で撃たれることを恐れないというのか。

「もちろん、それはわかっている。でも、わたしたちは難民キャンプで生まれ、育ち、ずっと難民として生きてきたの。だから、人間としての尊厳がほしい。人間として、世界中から認めてもらいたい。そのためには、自分たちの故郷であるパレスチナの地に戻る権利をグレートマーチで示すしかないのかもしれない」

アマルさんはそう言い、言葉を選びながら、さらに続けた。

「グレートマーチの参加者には、たしかに八方塞がりの状況に絶望して自暴自棄になっている人もいると思う。でも、前向きな思いで参加している人もいるはずだわ。その両方を含めて、グレートマーチはガザの若者たちの心の叫びを表現したものだと思う」

人生を探しに国境へ

アマルさんの友人で、アラさんという三二歳の男性からも話を聞いた。映画製作者で、グレートマーチのドキュメンタリー映像も撮影している。彼が現場で取材した参加者の声を教えてくれた。

「国境沿いの緊急医療室で数人の負傷者にインタビューしました。重傷患者は病院に運ばれていきましたが、軽傷者はそこで治療され、医師から『もう大丈夫だから家に帰りなさい』と言われていた。しかし、その医師からの指示に従ったのはごくわずかで、ほとんどの人は手当が済むと『国境以外にわたしが行くところはない』と言ってグレートマーチの列に戻っていきました」

グレートマーチは基本的にはガザを実効支配するハマスが主導しているが、これはもはや単なるデモではないのではと思った。アラさんの顔は、現場の光景を思い出しながら次第に赤味を帯びてきている。

「グレートマーチの参加者たちは、人生を探しに国境に行ったのです。わたしも、そうです。死にに行ったのではない。ガザの生活は、経済封鎖という手段を通じて、イスラエルが完全にコントロールしています。空も海も。ほとんどの住民がガザの外に出ることができず、閉じ込められている。自殺という解決法もあるかもしれない。実際にそうしている人もいる。でも、わたしは自殺などしない。国境に行き、新たな人生を見つけたいんです」

では、探していた人生は見つかったのか？

「まだ探している。しかし、エジプトとの国境にあるラファの検問所が開いた。それがひとつの答えになるかもしれません」

エジプト政府が「今年のラマダン月（五月一七日から一ヵ月）にはガザとの国境のラファの検問所を開く」とアナウンスしたのだ。ラファの検問所が開かれるのは一年ぶりのことだ。この検問所を通ってどれだけの人がエジプトに行くかはわからない。しかし、ガザを脱出しようとしている住民が約三万人もいるといわれていることは、すでに書いた。密閉されたガザの内部は、もはや暴発寸前だ。いや、暴発はすでに大行進という形で始まっているのだ。たしかに、ひとつの答えがここで見つかる可能性がある。しかし、ガザでは、政治の行方はつねに不透明だ。

もうひとり、やはりアマルさんの友人でドーアさんという三六歳の女性からも話を聞いた。彼女の職業は新聞記者だ。

「誰にでも自分が生まれ育った場所に帰る権利があります。わたしたちの場合、ナクバから七〇年も経っている。あまりに長く、第一次中東戦争からガザに逃れてきたときには赤ん坊だった人も老人になってしまいました。もう、そろそろ帰るときでしょう。帰らなければいけない。大行進に参加した人たちは共通して、そういう意志を持っていたと思います」

ドーアさんには一〇歳と八歳のふたりの息子がいる。息子たちが母親を失う危険は考えなかったのだろうか。

「わたしがグレートマーチに参加することは、子どもたちと話し合って決めました。ふたりとも泣きながら『行かないで！』と言っていた。でも、彼らに『これは、ママにとって、どうしてもやらなければいけない使命なの。あなたたちのために、やらなければいけないの』と諭しました。それでも息子たちは最後まで泣いていましたが、ベビーシッターに子どもたちを預けて、わたしは家を出て、国境のフェンスへと向かったのです」

アラさんにも三人の娘さんがいる。写真を見せてもらうと、子どもたちはみな、輝くような笑顔を浮かべていた。

「尊厳」はフェンスの向こうにあるのか

ドーアさんは最後に「日本の人たちに伝えてください」と言って、わたしにメッセージを託した。

「わたしたちパレスチナ人は、平和を愛する民族です。それを知ってください。わたしたちはただ、尊厳のある暮らしをしたいだけです。殺戮《さつりく》は要りません。そして、子どもたちが平和な社会で安定した生活ができるように、それが、わたしたちの願いです」

第三章で自殺未遂の嘘をついたMさんも言っていたが、ガザの若い人と話をすると、必ず「尊厳（dignity）」という単語が出てくる。たとえば「いま、いちばんほしいものは？」と聞くと、男女を問わず、仕事があっても失業中でも、ガザの若者たちはいつも「尊厳がほしい」と訴え続けている。全員が同じ答えというのは大袈裟《おおげさ》に聞こえるかもしれない。しかし、たとえば一週間、飲まず食わずでいる集団に同じ質問をしたら、やはり全員が「食糧」と答えるだろう。それと同じぐらい、ガザの若者たちは人間としての尊厳に飢えているのだ。

「人間としての尊厳がほしい」という心の叫びのような訴えを聞くたびに、それを言わせる状況に心が痛み、胸が張り裂けそうになる。

わたしには大学生の娘がいる。大学に入るまで、ずっと一緒に暮らしていたが、彼女が「尊厳」という言葉を口にした記憶はない。おそらく、現代日本の若者にとっては、「尊厳」というのはもっとも縁遠い単語のひとつかもしれない。日常会話で使うことは、まずない。学校の社会科で人権について勉強するときに出てくるぐらいだろう。

そう考えると、ガザの若者が置かれている状況がいかに異常で過酷かがわかる。若い人は普通、夢の塊だ。わたしも、若いときには夢があった。なぜ夢があるのか、根拠も理由もなかったが、ただ、夢はあった。そしてその夢を喰って生きてきた。なのに、ガザの若者にはそれがないのだ。

人間の尊厳は、誰もが当たり前に享受できるものでなければならないはずだ。人間の社会というのは、そのためにあるのではないか。

グレートマーチの参加者のひとりが、国境沿いの地域に行ったとき「ガザにもこんなに広大で、遠くまで見渡せる場所があるんだ」とはじめて感じ、驚いたことを話してくれた。たしかに国境沿いは建物もなく、遠くまで見通せる。

グレートマーチに参加することが正しいとは思わない。あまりに危険で、命を落とす可能性が高いからだ。しかし、彼らはその国境の向こうに「尊厳」を見たのかもしれない。生まれてからずっと、見たことも触れたこともない「尊厳」が、国境のフェンスの向こうに見え隠れしていたのではないか。

五日間の短い視察を終え、ガザを出ようとするときに見上げた抜けるような青空が忘れられない。雲ひとつない。悲しいまでに澄み渡った空から「尊厳がほしい！」というガザの声が聞こえてくるようだった。

第五章　冬の時代に日本ができること

女性起業家たちの、その後

二〇一六年の「ガザ・アントレプレナー・チャレンジ」で、それぞれ優勝と準優勝に輝いたマジドさん、アマルさんの〝その後〟を書いておきたい。

優勝したマジドさんが提案したのは、焼却灰を利用したコンクリート・ブロックだった。二〇一七年三月には〝Japan Gaza Innovation Challenge〟（現在は「一般社団法人ソーシャル・イノベーション・ワークス」）の招待で、準優勝のアマルさんとともに来日を果たし、同年八月からは奨学金を得て米国・ボストンに留学している。そして、留学生活のいっぽうで、起業家としても着実な前進を続けていた。

二〇一七年一二月にガザを視察した際、ちょうど冬休みで留学先から里帰り中だったマジドさんに会うことができたが、コンクリート・ブロックの注文が三〇〇〇個も入ったと、よろこんでいた。さらに次は、廉価で使いやすい太陽光発電用パネルと電池を大量に輸入して販売する予定だと希望に目を輝かせながら語ってくれた。

手押しの荷物運搬機を提案して準優勝に輝いたアマルさんの起業も、順調に進んでいるようだ。すでに一〇〇台の運搬機を作成し、七八台を売ったそうだ。二〇一八年五月にはマジドさん、アマルさんに揃《そろ》って話を聞くことができた。

アマルさんの会社「スケッチ・エンジニアリング」が製作・販売している運搬機の価格は、一台二〇〇イスラエル・シェケル（約六〇〇〇円）。これは、現地では決して安い値段ではない。というか、ガザの感覚で言えば十分に〝高級品〟だ。それが、順調に売れ始めている。

アマルさんのオフィスを訪問した。すでに日没を過ぎていたため、オフィスがあるビルに向かう途中の街路は真っ暗だった。電力供給が停止しているのだ。それでも、オフィスはビルの六階にあったが、独自の発電機を備えているためエレベーターも稼働していた。ドアを開けると、彼女の仕事場も光で満たされていた。三〇〇平方メートルぐらいありそうな、広いオフィスだ。あちこちに試作品が置かれ、少し雑然としているところも、いかにもアトリエといった雰囲気に感じられる。

現在、販売している運搬機のさらなる改良版も試作を重ねていた。

「ここよ」

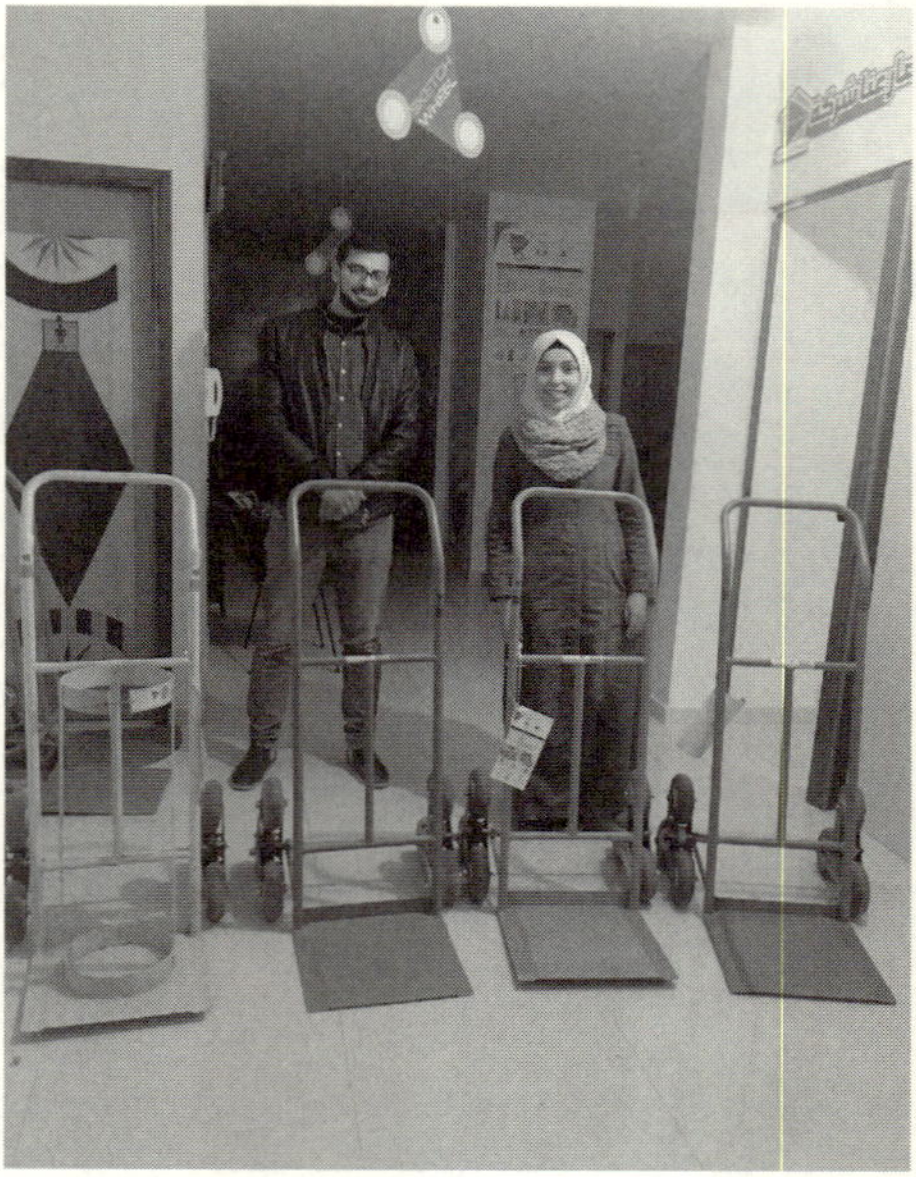

アマルさんの運搬機

　彼女は試作品のある部分を指差して教えてくれた。

「ここに、いままで世界の誰もやっていない、新しい工夫があるの。いま、特許申請中よ」

　わたしは医師なのでビジネスの世界のことはわからないが、当然、いいときもあれば、わるいときもあるだろう。彼女も今後、困難に直面するかもしれない。しかし、彼女には希望がある。

未来への展望と計画性の関係

マジドさん、アマルさんのふたりに、日本に行ったときの感想を聞いてみた。

ふたりは、口を揃えて「本当によかった。いままで生きてきたなかで、いちばん感激した出来事だった」と話してくれた。では、なにがそんなによかったのか。「素晴らしい指導者（mentor）に出会えたことだ」と、やはり口を揃えた。

「ガザでは、なにもかも自分で考え、自分でやらねばならず、困ったときにも相談する相手がいなかった。しかし、日本では指導者がついてくれて、コミュニケーションを深めながら多くのことを教えてもらった。技術的な指導が多かったけれど〝ものの考え方〟という基本的な姿勢についても、多くの貴重なアドバイスをいただきました」

この感想は、医師であるわたしにも深く頷けるものだ。各自の試行錯誤は、もちろん大切だ。最終的には個人としての強さ・揺るぎなさがなければ、どんな世界でも成功は難しいだろう。しかし、人間の成長というのは同じ傾斜が続く坂道を上るようなものではない。むしろ階段に似ている。そして、階段をひとつ上って次のステージに行くときには、なにか貴重なヒントや先輩・先達からの〝ひと言〟が力になっていることが多い。ピンポイントで適切なアドバイスをしてくれる指導者の存在はとても大きいのだ。

ガザの若者のように国外に出ることが非常に難しい場合は、この貴重なアドバイスに接する機会も当然、少なくなる。世界から隔絶されていると言ってもいいだろう。優秀な人材のなかには、ガザを出ていって欧米で活躍する人も少なくない。また、いっぽうで国外から優秀な指導者を招こうとしても、簡単ではない。それでも、マジドさんやアマルさんのような才能がガザにも芽生えるが、彼女たちの成長を手助けする指導者がガザで絶対的に不足しているのは明らかな事実だ。

こうした意味でも、彼女たちふたりが招待されて日本に行ったことの意義は大きい。「ガザ・アントレプレナー・チャレンジ」の試みは、ガザの若者を支援する上でとても有効なアプローチだったと思う。単に起業の機会を与えるだけでなく、日本からの多様なアドバイスを得られるようになるからだ。いまや地球は狭い。世界はネットでつながっている。浮かんだ質問をすぐ日本に送ることができる。そして日本から返答がくる。このネットワークが拡がれば、ガザの若者たちを支援し、彼らの夢を実現に近づけることにつながるはずだ。

「ほかに日本で印象に残ったことはあるか？」と聞くと、アマルさんが答えた。

「日本人の計画の立て方にとても感動したの。ガザとはまったく違っていたから」

日本人は長期的な見通しを立て、目的を設定し、それをどう達成するかのプロセスを考えることに慣れている。もちろん、ガザの人も計画は立てるが、日本のように長期的なビジョンがない。どことなくいい加減なのだ。しかし、それには背景がある。日本人が先々の計画を立てられるのは、日本に「将来」があるからだ。将来がきちんと見えるからこそ、希望があり、将来に向かって計画を立てられる。ガザでは将来が見えない。先のことは、まったくわからないからだ。

アマルさんのその言葉に、マジドさんが反論した。

「たしかに、日本の生活は安定していて素晴らしい。生活しやすい。でも、わたしには合わないと思う。すべてが簡単過ぎる（super-easy）。ガザではすべてが困難（challenging）だけれど、その分、やりがいがあるわ」

すると、アマルさんも反論した。

「そうはいっても、ガザの状況は日本に行ったときよりも確実に悪化しているわ。簡単とか、困難とかの問題ではないと思う。不確定要素が多過ぎるし、わたしたちはガザの住民でありながら、この街のことをなにひとつコントロールできていない。自分たちの手が決して届かないところで、自分たちの未来が決まってしまっている。そういった状況に、やりがいがあるとは思えないわ」

いつもの道が通れない

アマルさんは、さらに続けて直近のガザの政治状況を説明してくれた。

「つい先日、わたしの家の近所でガザの政治的重要人物たちが集まる会議があって、厳重な警戒体制が敷かれていたわ。わたしが家を出て、自分のオフィスに向かう途中にも多くの警官や警備関係者がいて、その女性がわたしを止めて『バッグのなかを調べる』と言ったの。そこは毎日、わたしが通勤のために通っている道よ。なのに、なぜ調べるのか。そう言ったら彼女は『そういう決まりだから』と言ったわ。

わたしは『この近くに住んでいて毎日ここを通っています。バッグのなかまで見られて荷物を調べられる筋合いはありません』と強く言い返した。すると、向こうはさらに感情的になって、とても受け入れられないような高圧的な言い方をしてきたの。それで、わたしも頭にきて言い返したら、警備関係者が大勢集まってきて、最後にはバッグを取り上げられて強制的な取り調べを受けたわ。ひどい、本当に許せない」

話を聞きながら「ガザで警備関係者とケンカしたのか」と、わたしは驚かずにいられなかった。その行為には、非常に大きな危険をともなう可能性があるからだ。アマルさんの憤りの本質を考えていくと、自宅とオフィスの往復という日常の当たり前の行為に権力が介入してきたことが彼女の逆鱗《げきりん》に触れたのではないかと思う。

彼女はさらに言った。

「友人・知人とよく集まって話をするの。そのときに必ず出る話題が『どうやってガザを出るか』よ。ガザの住民ならば誰もが、すでにガザを出ていった友人・知人が最低ひとりはいる。トルコに行った人、エジプトに行った人、あるいはヨーロッパへ。誰もが、ガザを離れるという形で友人・知人を失った経験があるはず。そして、そういうときに、もう『ガザを出る必要があるのか?』という話はしない。どうやって出るか、どこへ行くか。そういう具体的な話だけよ」

そのとき、マジドさんが強い声を上げた。

「ガザを出るなんて、それは逃げるということよ。わたしは認めない。自分にできることを続けながら、ガザをよくしていく。必要なことは、それしかない」

アマルさんが反論する。

「わたしも、外に逃げることがいいとは思わない。でも、このままでは、第二のナクバが起こる。それは『ガザから次の土地へ再び逃れる』という意味での第二のナクバよ」

「わたしたちにできることは、ありますか?」

「国際協力」というと、自分の日常からは遠いものと考える人も多いかもしれない。たとえば、ガザの子どもたちが置かれている状況は非常に厳しい。政治的な問題も多く、しかし、その解決の糸口さえ見えない。日本人のわたしたちに「なにができるか?」と聞かれたとき、すぐに答えることは難しい。当然だろう。「なにができるか?」は、「なにが求められているか?」を知っていなければ考えられないからだ。それは、中近東を拠点に仕事をするようになって三〇年以上になったわたしにも、簡単に答えられる質問ではない。

それでも、本書を読んで、なにかを感じていただけたのなら、それは重要なことで、国際協力の第一歩になると、わたしは考えている。なぜならば、国際協力というのは、他国の人々への共感があって、そこから始まるものだからだ。

もちろん国際協力にはさまざまな形態があり、方法がある。目標も多様であり、実現のためにさまざまな活動をおこなう。動く資金も数十億ドル、数百億ドルと巨大になることもある。短期間のプロジェクトもあれば、一〇年を超える長期間の活動もある。

しかし、その根本は人と人の心をつなぐことである。わたしはそう思い、今日まで仕事を続けてきた。

日本でガザの話をすると、「わたしたちにできることはありますか?」と聞かれることがある。そういうときに、わたしが示す回答は「国際協力はいろんな形でできるのですよ」というものだ。「誰にでもできる国際協力」とも言えるだろうか。

わたしは、「誰にでもできる国際協力」には三つのステップがあると考えている。

最初のステップは「感じること」だ。

人間が本当に感動するのは、人間の心に対してだけだと思っている。心を動かされる、揺さぶられる。まずは、それが必要だ。日本を訪れ、東洋英和女学院でラワンさんが語った戦争の体験に胸を締めつけられる。被災地・釜石で「鳥のように遊べました」と語ったガイダさんのひと言に心を揺さぶられる。モハメドくんが放った「電気がついている」という呟きにハッとさせられる。相手の心を感じる。それが国際協力の第一歩となる。なにを単純なことを、と思われるかもしれない。でも、この一歩がなければ、なにも生まれてこない。

第二のステップは「考えること」だ。

ガイダさんが釜石を訪れたとき、なぜ「生まれてはじめて恐怖を感じることなく遊べた」と言ったのか。なぜ、モハメドくんの日本についての最初の感想が「電気がついている」だったのか。その奥にあるものは深い。それを考えることが大切だ。

そして、考えるためには、状況を「知る」必要がある。たとえばガザであれば、ガザが地球上のどこにあるかという単純な地理情報から始まり、その歴史的背景、そして現在の地政学的状況を知る必要がある。

これは、そう簡単なことではない。ガザの状況にはイスラエル国家・パレスチナ自治政府・ハマス・エジプト政府・国連・米国など数多くの国や機関がからんでいるからだ。断片的な情報ならインターネットで検索すれば簡単に手に入るだろうが、数多くの要素を自分の頭のなかで整理していかなければならない。

そうして情報を整理したとしても、ガザの状況をどう見るかについては、専門家でさえ意見がわかれる。ただ、わたしたちは中東問題の専門家を目指すわけではない。そこでなにが起こっているか、断片的な情報であっても、それを集めて想像することから始めればいいのだ。

たとえば、グーグルで「ガザ」と「発電所」で検索すると一九万件のヒットがあった（二〇一九年二月）。もちろんネットの情報は玉石混淆《ぎょくせきこんこう》だ。それでもガザに発電所がひとつあること、二〇一四年の戦争では攻撃を受けたこと、二〇一七年の四月と二〇一八年二月には発電所の燃料不足による停電が起こっていることがわかる。その気になって探せば、もっと詳しく知ることができる。

ただ、「知る」ことと「考える」ことは、まったく違う。

パレスチナ自治政府、ガザのハマス政権、そしてイスラエルとでは言い分が違う。どれが正しいか間違っているか、それも立場によって判断が異なる。誰にもわからない場合もある。それでもいいのだ。なぜその状況になっているか、それを考えることが大切だ。もし、もっと深く知りたければ、専門書を読めばいい。

そして、誰にでもできる国際協力の最終ステップとなるのが、その道を「拡げること」だ。

相手の心を感じ、相手の場所とその状況を知り、そして、なぜそうなっているかを考える。こうやっていくと、次に多くの選択肢が見えてくる。

たとえば、現地で活動している多くの団体・機関のことがわかってくる。それはＮＧＯであったり、国連機関であったり、会社であったり、個人であったりする。まず、団体・機関がどのような活動をしているか、なにを目的に活動しているのかを知り、もし、あなたの心に響く団体・機関があればそれをさらに調べればいい。日本に事務所があれば訪ねて話を聞くのもいいだろう。その団体がＳＮＳで情報を発信していれば、それにアクセスすることはさらに簡単だ。べつに現地に行かなくていいし、自分で組織を作る必要もないのだ。

団体を支援する方法は、資金（寄付）だけではない。話を聞くだけでもいい。彼らの心を感じることが国際協力なのだから。彼らに質問するだけでもいい。考えるだけでも立派な国際協力である。そして、彼らの話が心に響けば、それを自分の知人たちに向けて情報拡散することだ。同じ心を持つ人たちの輪が拡がることは、最高の国際協力だ。可能性は、無限大にある。

国際協力の世界には、実際のところ問題が山積みになっている。答えがいつもあるわけではない。しかし、すべては「共感」から始まるのだ。

では、実際に自分で活動をしたい方の場合は、どうすべきか。「誰にでもできる国際協力の専門家版」を最後に考えてみよう。

自分の能力を活《い》かすために

国際協力の対象分野は多種多様だ。わたしの仕事もそれに含まれるだろう。わたしの場合は国際保健という医療・公衆衛生の分野だが、そこでの仕事も保健政策の作成から末端での医療サービスの提供まで多様だ。

国際協力をしたいという希望者から、よく「どんな仕事ができますか?」という質問を受ける。当然ながら質問した方の職業・年齢・経験で、答えは変わってくる。

質問者に必ず聞くのは、「いちばん興味があるのは、なにか」だ。なにをしているときが、いちばん楽しいか、やる気が出るかを訊ねる。そして次に、五年後にはどうなっていたいかを訊ねる。どこで、どのような仕事をしているイメージが湧くかを、こちらから質問するのだ。そして、では、これからの五年間で、どうやってそこに到達するかを一緒に考える。この五カ年計画作成は具体性もあり、適度なタイムスパンなのだ。

若い人のなかには「国際的な協力をしたいが、具体的になにをやりたいか、まだわからない」というケースも多い。大丈夫だ、問題ない。焦る必要はない。いまや「人生、八〇年」の時代だ。二〇代の人は、まだその三分の一にも達していない。折り返し地点は四〇歳だ。自分のやりたいことを見つけ、進めていく。そして、人生は何度でもやりなおせる。

履歴書の書き方を聞かれることも、よくある。たしかに、応募先の職種や規模などに応じて書き方を変えることも必要だろう。ただ、雇用する側が最終的に判断材料として重視するのは、履歴書に書かれた言葉ではない。応募してきた人物が、どういう人間か。最後に問われるのは、そこだ。

国連機関そのものに興味を持つ人も多い。

「国連機関に入りたいのだが、どうしたらいいか？」

しかし、その質問に対しては、いつも「質問が間違っている」と答える。肝心なことは、どこで働くかではなく、なんのために働くかのはずだ。だから、わたしは「なぜ国連に入りたいのですか？」と聞き返す。

もし、自分になにができるか、なにをしたいかが明確で、その上で国連に入りたいと考えるのだったら、納得のいく仕事に取り組めるかもしれない。国連機関も一種のお役所で、組織の硬直化が見られる点も多い。どんな職場も一〇〇パーセントの理想郷ということはあり得ないが、それは国連機関も同じことだ。しかし、巨大な組織であることには間違いなく、その仕組みがわかれば、大きな仕事をして世界を動かすことも可能だと思う。その意味では、夢のある職場だ。

大切なことは変わらない。自分がなにをしたいか、だ。そして、それを実現するための能力・知力があるか、だ。

誤解を恐れずに言えば、わたしは〝自分のために〟仕事をしている。自分が満足するために仕事をしている。それは、他人がどうなるか気にせず仕事をする、ということではない。わたしの手がける分野は特に「弱者への支援」が基本となる。

相手の状況を十分に考え、どういった支援をすれば最適かを考える。そして実施のための方法を探す。それが仕事だ。そして、その仕事が巧くいけば、わたしは満足する。わたしが満足するということは、相手への支援も巧くいっていることになるのだから。

おわりに

この本はウェブサイト『集英社新書プラス』で二〇一七年七月から二〇一八年九月にわたって連載した「ガザの声を聴け！」が元になっている。連載中の二〇一八年、UNRWAは未曾有の財政危機に瀕し、その存在自体が危ぶまれた。連載終了時の二〇一八年九月にも、危機的な状況は変わらなかった。その後どうなったか、報告をしておきたい。

結論から言うと、UNRWAは生き延びた。われわれの呼びかけに多くの国が反応した。日本は以前からパレスチナ支援を続けてきたが、今回四五〇〇万ドル（約四九億五〇〇〇万円）という過去最大規模の支援をした。カタール・サウジアラビア・クウェート・アラブ首長国連邦も、各々五〇〇〇万ドル（約五五億円）を支援した。

結果的に、四〇カ国が支援をこれまでより増加し、二〇一八年一月に五億三八〇〇万ドル（約五九一億八〇〇〇万円）になっていた財政不足が二〇一八年末にはゼロになった。五億三八〇〇万ドルの財政不足はUNRWAの年間活動経費の四四％に当たる。先行きが明るいとは決して言えないが、これで米国のUNRWAへの財政支援停止の影響を現状はなんとか免れた。深く感謝したいと思う。

UNRWAの存続も大事だが、もっとも大事なのは、ガザにいる一四四万人、全体で五五〇万人いるパレスチナ難民への支援が続いたことだ。七一一ある学校はすべてきちんと授業を続け、私が管轄する医療分野も、一四四の診療所をひとつも閉めることなく、家庭医チーム制度が続けられた。約二七万人いる糖尿病や高血圧患者への治療も続いた。

これは本当に驚異的なことなのだ。UNRWAの代表である事務局長をはじめ、職員全体が一丸となりこの危機に当たったことがよかった。決して負けない・諦めない、という強い姿勢を貫き、サービスの停止、あるいは縮小という選択肢は一切考えなかった。

UNRWAの難民支援が持つ政治的な意味をあえて強調したのも有効であった。ガザには約一九四万人が住んでいるが、そのうち一四四万人が難民である。難民支援が止まれば、すでに不安定化しているこの地域の状況がさらに悪化する恐れがあることは、誰の目にも明らかだったからだ。

ＵＮＲＷＡは難民支援を絶えず活動の中心に置き、彼らの声、特に子どもたちの声を世界に届けることに努めた。二〇一八年九月のニューヨークで開かれた国連総会でも、ＵＮＲＷＡの学校に通う子どもたちふたりが演説した。彼らの声を届けるというのは、われわれの活動のもっとも重要な本質だ。


ガザというと、日本にはあまり馴染みがない地域なうえに、ニュースで取り上げられるのも、戦争や紛争という厳しいものが多い。その状況を伝えたいという思いもあるが、それよりも、彼らの生の声を、伝えたいという気持ちが強かった。

難民とくくられがちだが、当然、ひとりひとりがわれわれと同じように日々生きている。笑いもするし、泣きもするし、怒りもする。

ガザに行くのは非常に困難だ。通常の日本人ならほぼ不可能だ。治安上の問題がある。そのなかで、仕事として、比較的自由にガザに行けるわたしはとても幸運だと感じている。多くの素晴らしい人たちに出会えた。彼らの思いに接し、考えを学べたからだ。

彼らがなにを感じ、日々なにを思っているかを伝えることが自分の義務だと感じる。そういう思いで原稿を書き、この一冊になった。これも本当に幸運である。すべての方に深く感謝をお伝えしたい。

ジャーナリストの土井敏邦氏は、集英社の金井田亜希さんに私を紹介してくださった。土井さんなしにはこの本はできていない。

集英社の金井田さんには言葉では感謝を伝えられない。すべての面で支援をいただいた。遠く離れたヨルダンのアンマンにいるわたしに絶えず温かい支援と、時に厳しい指導をくださった。わたしの熱くなり過ぎる文章を、きちんと整理し、読みやすくしてくださった。

ライティングと構成をしていただいた田中茂朗さんにもどう感謝をお伝えすればよいものか、と思っている。拙《つたな》いわたしの日本語と、わたしがうまく書ききれない思いをまとめてくださった。

そしてこの本に出てくるガザの人々、ひとりひとりに深い感謝を伝えたい。彼らの思いをどれだけ正確に伝えられたかは正直わからない。ただ、彼らの真摯な思いに応えたい、と絶えず思っている。彼らに会えた幸運でこの本はできている。その感謝の念は忘れない。

彼らへの感謝の意味を込め、この本の印税はＵＮＲＷＡに寄付され、ガザの支援に使われる。額は小さいかもしれない。しかしその思いは無限大だ。その思いがいつか世界を変えていくと信じている。

清田明宏

二〇一九年三月

取材・構成／田中茂朗
図版作成／ＭＯＴＨＥＲ
文中写真はすべて著者撮影

清田明宏（せいた　あきひろ）

一九六一年福岡県生まれ。国連パレスチナ難民救済事業機関（UNRWA、通称ウンルワ）の保健局長で医師。高知医科大学（現・高知大学医学部）卒業。世界保健機関（WHO）で約一五年間、中東など二二カ国の結核やエイズ対策に携わった。二〇一〇年から現職。中東の結核対策では、患者の服薬を直接確認する療法「DOTS」を導入し、高い治癒率を達成。第一八回秩父宮妃記念結核予防国際協力功労賞受賞。

天井《てんじょう》のない監獄《かんごく》　ガザの声《こえ》を聴《き》け！

集英社新書〇九七六B

二〇一九年　五　月二二日　第一刷発行
二〇二三年一一月一八日　第二刷発行

著者……清田《せいた》明宏《あきひろ》
発行者……樋口尚也
発行所……株式会社集英社
東京都千代田区一ッ橋二－五－一〇　郵便番号一〇一－八〇五〇
電話　〇三－三二三〇－六三九一（編集部）
〇三－三二三〇－六〇八〇（読者係）
〇三－三二三〇－六三九三（販売部）書店専用

装幀……原　研哉
印刷所……TOPPAN株式会社
製本所……ナショナル製本協同組合

定価はカバーに表示してあります。

ISBN 978-4-08-721076-7 C0230
Printed in Japan

羽生結弦は捧げていく
高山 真　0967-H
さらなる進化を遂げている絶対王者の五輪後から垣間見える、新たな変化と挑戦を詳細に分析。

近現代日本史との対話【戦中・戦後―現在編】
成田龍一　0968-D
人びとの経験や関係を作り出す「システム」に着目し、日中戦争から現在までの道筋を描く。

メディアは誰のものか
――「本と新聞の大学」講義録
モデレーター　一色 清／姜尚中
池上 彰／青木 理／津田大介／
金平茂紀／林 香里／平 和博　0969-B
放送、新聞、ネット等で活躍する識者が、メディア不信という病巣の本質、克服の可能性を探る。

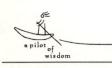

京大的アホがなぜ必要か　カオスな世界の生存戦略
酒井 敏　0970-B
「変人講座」が大反響を呼んだ京大教授が、最先端理論から導き出した驚きの哲学を披瀝する。

マラッカ海峡物語　ペナン島に見る多民族共生の歴史
重松伸司　0971-D
マラッカ海域北端に浮かぶペナン島の歴史から、多民族共存の展望と希望を提示した「マラッカ海峡」史。

アイヌ文化で読み解く「ゴールデンカムイ」
中川 裕　0972-D
アイヌ語・アイヌ文化研究の第一人者が贈る最高の入門書にして、大人気漫画の唯一の公式解説本。

善く死ぬための身体論
内田 樹／成瀬雅春　0973-C
むやみに恐れず、生の充実を促すことで善き死を迎えるためのヒントを、身体のプロが縦横無尽に語り合う。

世界が変わる「視点」の見つけ方　未踏領域のデザイン戦略
佐藤可士和　0974-C
すべての人が活用できる「デザインの力」とは？　慶應SFCでの画期的な授業を書籍化。

始皇帝 中華統一の思想『キングダム』で解く中国大陸の謎
渡邉義浩　0975-D
『キングダム』を道標に、秦が採用した「法家」の思想と統治ノウハウを縦横に解説する。